AI와 철학의 전환

AI문고

인공지능 시대입니다. 기계가 인간의 인지를 대신하고, 사물이 인간을 통하지 않고 다른 사물과 직접 커뮤니케이션합니다. 이에 따른 인간 삶과 문명 변화를 정확히 이해·예측·대응하는 것은 이 시대 우리 모두의 과제입니다. AI문고는 인공지능 기술과 환경의 여러 주제를 10가지 키워드로 정리합니다. 관련 개념과 이론, 학계와 산업계의 쟁점, 우리 일상의 변화를 다룹니다. 인간과 기술의 현재, 미래를 세심히 분석합니다.

일러두기

- 인명, 작품명, 저서명, 개념어 등은 한글과 함께 괄호 안에 해당 국가의 원어를 병기했습니다.
- 외래어 표기는 현행 어문규정의 외래어표기법을 따랐습니다. 다만 '딥러닝', '딥마인드', '딥페이크' 등은 관행을 따랐습니다.

처음이세요?

전문가세요?

AI와 철학의 전환

이진오

대한민국, 서울, 커뮤니케이션북스, 2024

AI와 철학의 전환

지은이 이진오
펴낸이 박영률

초판 1쇄 펴낸날 2024년 11월 4일

커뮤니케이션북스(주)
출판 등록 2007년 8월 17일 제313-2007-000166호
02880 서울시 성북구 성북로 5-11
전화(02) 7474 001, 팩스(02) 736 5047
commbooks@commbooks.com
www.commbooks.com

ISBN 979-11-288-6871-9 03500

책값은 뒤표지에 표시되어 있습니다.

차례

인간 너머 인간의 길

다른 돌

한 번도 가져보지 못한
돌이다.

어둠 속에
납작 누워만 있던,
그대의 발길에 밟혀
바스러졌을
돌이다.

모든 것이 빛나던 때
깜빡깜빡 속으로 빛을 내던
그 돌이다.

도시를 뒤덮은
황금빛 사막에서

바람을 기다리고
노래를 기다리고
죽기를 기다릴
그냥 돌이다.

왜 이제야 보이는가?
똑같지만 다른
돌이기
때문이다.

숨조차 쉬지 않고
그대를 기다려 온
너무도 다른
목숨이기 때문이다.

인류 문명은 도구와 함께 시작되었고, 그 최초의 도구는 돌이었다. 도구로 쓰인 돌이 발견되면, 그 돌의 모양에 따라 역사의 시작점이 정해진다. 도구의 변천사는 혁명의 역사가 된다. 농업 혁명과 과학 혁명, 산업 혁명이 그랬다. 근대 이후 최근까지 지속되고 있는 산업 혁명은 기계의 발전 단계에 따라 세분된다. 논과 밭에서 혹은 대로

에서 소와 말이 마침내 굴레를 벗었다. 생산과 이동은 이제부터 기계가 맡는다. 동력 기계에서 대량 생산 기계로, 대량 생산 기계에서 전산화된 기계로, 전산화된 기계에서 인공지능 기계로 바뀌면서 네 단계의 산업 혁명이 진행되고 있다.

도구의 변화는 물질문명을 바꾸는 데 그치지 않았다. 도구는 삶의 방식과 이를 지탱하는 세계관과 가치관까지 바꾸었다. 인류의 몸은 1만 년 전에 비해 크게 바뀐 게 없다. 그런데 삶의 방식은 과거 인류와 현대 인류가 서로 도저히 이해를 못할 정도로 달라졌다. 그러나 바뀌지 않은 한 가지가 있다. 그것은 인간이 지구 생태계에서 유일한 지배자로 군림한다는 사실이다. 여타 생명체들은 돌도끼와 다름없는 말 못 하는 도구로 취급되었다. 자연 전체가 인간을 위한 도구가 됐다고 말하는 게 좀 더 적절할 것이다. 신화의 시대를 끝내고 지혜에 대한 사랑을 표방하며 등장한 철학은 어떤가? 철학의 주류도 고대부터 지금까지 인류세(Anthropocene)에 기여했다. 언젠가 인류 문명이 종언을 고하고 그 위에 흙이 덮인다면, 그간 쌓인 문명의 이기들로 지질학 역사상 가장 두꺼운 지층이 될 것이다. 인간의 지능에 견적할 존재가 지구상에 없었다는 게 이 상황의 가장 큰 원인이다. 그런데 생성형 인공지능이라는 도구의 등장으로 자연에서 인간의 절대적인 위상이 흔들리고 있다.

인공지능은 세계와 인간, 인간과 생명체, 생명체와 사물을 이해하는 데 새로운 시각을 제공한다. 새로운 시선은 새로운 철학적 질문을 일으킨다. 인공지능은 인간지능과 어떤 점에서 다른가? 둘은 하드웨어만 다를 뿐 작동 원리는 같지 않을까? 인간지능이 기계인 인공지능과 작동 원리가 같다면, 인간 자체도 기계의 일종으로 볼 수 있지 않을까? 인공지능이 자의식과 감정을 가질 수 있나? 과연 기계가 모방할 수 없는 인간의 고유성이라는 것이 앞으로도 남아 있기는 할까? 기계가 친절한 목소리로 길을 안내해 주고, 품격 있는 표현으로 지식을 알려주고 대화도 해 주니, 고마움과 존경심이 든다. 이런 나는 정상이 아닌 걸까? 나의 이런 반응이 자연스러운 것이라면, 이런 반응을 촉발한 인공지능을 인격체로 여기는 것도 자연스럽지 않은가? 이름만 '지능'일 뿐, 현 수준의 '인공지능'은 아직 '지능'이 아니라며 느긋해하는 사람도 있다. 그런데 머지않아 자율성을 지닌 인공지능이 인간의 자율성을 심각하게 침해하지 않을까? 지금도 반자율 주행차가 핸들을 틀면, 기분이 묘하다.

같은 행위를 하더라도 행위자가 어떤 존재냐에 따라

서 그 행위자의 권리와 의무가 달라질 수 있다. 우리는 길가의 돌멩이에게 어떤 권리나 의무도 부여하지 않는다. 하지만 우리는 돌멩이 옆에 앉아 쉬고 있는 고양이를 돌멩이처럼 막 대하지는 않는다. 존재가 다르기 때문이다. 고양이와 그 주인인 '집사'는 또 다르다. 고정된 것은 아니지만 존재의 차이는 윤리적 문제로 이어진다. 인공지능이 인간처럼 생각하고 느낄 수 있다면, 우리는 그것에게 어떤 권리를 부여해야 할까? 인공지능이 스스로 결정을 내리고 행동할 수 있다면, 우리는 그에게 책임을 물을 수 있을까? 인공지능도 그 본질은 도구인데, 인공지능에게 책임을 묻는 것은 상해자 대신 그의 칼을 감옥에 보내는 것과 같지 않을까?

인공지능은 이렇듯 새롭고 본질적인 질문을 불러일으킨다. 인공지능의 출현이 철학에 새로운 과제를 몰고 온 것이다. 이 새로운 과제는 철학이 전통적인 관점을 고수하는 한, 대답할 수 없다. 지금까지 대개의 철학은 인간의 관점에서 질문하고 대답했기 때문이다. 자연과의 일치와 조화를 중요시하는 서양의 낭만주의나 동양의 노장사상은 인간 중심주의를 벗어났다고 볼 수 있다. 심지어 불교는 인간뿐만 아니라 '나'에 대한 집착마저 넘어서려 했다. 이런 철학적 관점이 인간 아닌 또 다른 지적 존재를 설정하고 사유하는 데 도움을 줄 것이다. 그러나 이런 관점들도 인공지능이 제기하는 새로운 질문은 상상하지 못했다. 인류 역사상 그 어떤 철학 사상도 인간이 아니면서 인간의 지능을 구현하는 존재가 일으키는 문제를 현실로 숙고한 적이 없다.

이제 우주에서 '인간'이라는 존재의 위상을 완전히 새롭게 규정할 철학적 관점이 필요한 시대다. 이천사백 년 전 아리스토텔레스는 인간을 '생각하는 동물'로 정의했다. 생각하는 능력에 비례해서 인간은 고차원적 언어를 구사하며 복잡하고 다양한 사회적 관계를 형성한다. 인간의 생각하는 능력, 즉 지능이 인간을 '언어적 동물'과 '사회적 동물'로 만든 것이다. 인간의 지능은 동물의 지능과 수치상 큰 차이가 없을 경우라도 질적으로 다르다. 유인원 중 침팬지의 평균 지능 지수는 사람과 큰 차이가 없다. 그렇더라도 침팬지가 인간 수준의 지적 활동을 하는 건 결코 아니다. 만일 그랬더라면, 지구에는 인류 문명 외에 침팬지 문명이 형성되었을 것이다. 하지만 이런 일은 영화에서나 가능하다. 이런 이유에서 '생각하는 동물'은 인간만을 지칭하는 표현이었다. '언어적 동물'이나 '사회적 동물'이라는 표현도 마찬가지다. 하지만 생각하는 유일한 동물인 인간의 지능을 기계적으로 구현하는 인공지능이 등장했다. 인공지능은 인간지능의 일부 기능을 흉내 내는 지금의 '약한 인공지능' 단계를 지나 인간지능의 기능 대부분을 대체하는 '강한 인공지능' 단계로 발전하고 있다. '강한 인공지능'이 충분히 실현되면, 인간지능을 훌쩍 넘는 '초지능' 단계로 넘어가는 것은 필연적이다. 굳이 성능과 기능을 업그레이드하지 않더라도 인공지능은 인터넷 연결망으로 하나가 전체이고, 전체가 하나로서 통합된 능력을 보일 수 있기 때문이다. 'ἓν καὶ πάντα(헨 카이 판타)', '만물은 하나다'. 만물이 끊임없이 변하면서도 '로고스'라는 하나의 원리로 통합된다는 고대 그리스의 철학자 헤라클레이토스(Ἡράκλειτος)의 통찰이 적어도 인공지능에서는 실현되는 것이다. 존재의 본질과 그것을 이해하는 방법을 두고 삼천 년간 벌어진 '거인들의 싸움'도 이로써 결판이 나는 건가?

인공지능이 인간 정신이나 지능의 핵심 기능인 이해, 공감, 상상, 창조의 능력을 충분히 구현하고, 언어를 모국어와 외국어, 현대어와 고대어, 일상어와 전문 용어의 차이를 알면서도 그것을 넘어서며 구현한다. 이런 언어 능력으로 인공지능이 시대와 지역을 넘어 소통하고, 지식을 확장한다. 만약 이렇게 된다면, 인간만이 생각하는 유일한 동물이 아니다. 침팬지와 인간의 경우처럼 수치상 차이는 크지 않더라도 질적으로 다른 '생각하는 능력'을 지닌 인공지능이 등장했다고 가정해 보자. 우리가 침팬지에게 그랬던 것처럼 인간은 아예 '생각하는 동물'로 분류되지도 않을 수 있다. 이것은 호들갑스럽고 너무 우울한 전망인가?

그런데 인류는 처음부터 자신을 지구 생태계를 지배하는 특별한 존재로 생각하지 않았다. 우주에서 인간의 지위가 바뀌거나, 이로 인해서 다른 존재와의 관계가 바뀔 수 있다는 사실을 덤덤하게 받아들이자. 애니미즘을 세계관으로 삼았던 단계에서 인류는 자신을 다른 동물과 근본적으로 다르지 않다고 보았다. 그때 인류는 자신뿐만 아니라 모든 생명이나 사물에도 영혼이 깃들어 있다고 믿었다. 비슷한 시기에 토테미즘은 동물이나 식물 또는 자연물을 신성시하고 숭배했다. 그러다 인간지능은 자연을 착취할 수단을 만들었고, 인류는 특별한 존재가 되었다. 역사학자 유발 하라리(Yuval N. Harari)는 문명의 발달로 등장한 이 인간 중심주의라는 형이상학적 체계가 새로운 문명의 등장으로 사라질 것으로 예상한다. 새로운 문명은 새로운 형이상학 체계를 동반하기 때문이다. 과거 인간 중심주의를 이끈 것은 인간지능이었다. 그런데 인간지능을 대신할 인간 아닌 존재가 등장하면, 인간 중심주의는 흔들리고 새로운 세계관이 나타날 것이다.

변화에 적응하고 그 변화를 이끄는 단계로 나가기 위해서는 기존의 세계관, 가치관, 인간관을 고착시키는 힘에서 벗어나야 한다. 그 힘 중 철학적인 것은 본질주의다. 인간은 불멸하는 '영혼'을 지녔고, 그 '인간'과 '나'에게는 변하지 않는 성질이 있으며, '여기까지는 인간이고 그 이후부터는 도구일 뿐'이라는 식의 관념과 거리를 유지해야 한다. 이런 과정을 거쳐 결국 우리는 '인간'과 '나', '나와 타자'를 새롭게 정의하게 될 것이다. 이 책은 이런 변화의 성격과 의미를 이해하고, 인공지능의 등장으로 새롭게 등장한 철학적 문제와 가능성을 살펴볼 목적으로 쓰였다. 이런 목적에서 총 10가지 주제로 구성된 이 책의 내용은 크게 두 부분으로 나뉜다. 그중 전반부 총 다섯 장은 인공지능의 등장으로 제기된 새로운 철학적 질문에 대한 것이다. 후반부 총 다섯 장은 인공지능을 철학 공부와 철학 상담에 활용할 방안에 대한 논의다. 두 부분에서 논의된 주요 내용은 다음과 같다.

전반부에 속한 1장 "존재론적 특이점"에서는 인공지능이 인간의 지능을 뛰어넘는 순간, '존재론적 특이점'이라 칭할 수 있는 변화를 겪게 된다는 점을 살펴볼 것이다. 인공지능의 등장은 단순히 기술의 발전을 넘어, 우주에서 인간의 독보적 지위에 근본적인 의문을 던지는 사건이다. 인간 중심적인 세계관에 균열이 생기고, 인간의 가치와 정체성에 대한 새로운 논의가 시작될 것이다. 인공지능이 인간의 일자리를 대체하고, 문화 예술과 같은 인간에게만 가능했던 분야까지 진출하고 있다. 이런 변화로 인해 우리는 '인간다움'이란 무엇인지 끊임없이 되묻게 된다. 동시에 인공지능과의 공존을 위한 새로운 가치관을 탐색해야 한다.

2장 "기계와 의식"에서는 인공지능의 등장으로 제기된 중대한 철학적 질문을 살펴볼 것이다. '기계도 의식이 있는가?', '기계는 자신을 알아볼 수준의 지능을 갖게 되는가?', '감성 인공지능은 인간의 감정을 이해하고 소통하는가?'. 인공지능 개발의 암흑기를 거치며 '기계는 기계일 뿐'이라는 인식이 자리 잡았다. 하지만 2016년 알파고(AlphaGo)의 등장과 2022년 챗지피티(ChatGPT)의 등장은 이러한 인식에 큰 변화를 가져왔다. 자연스러운 언어 능력을 보여 주는 챗지피티와 소통하다 보면, 인간과 소통할 때 느껴지는 기분이 들 때가 있다. 사람과 기계의 경계를 모호하게 만들었다. 이에 따라 '기계에도 의식이 있는 것은 아닐까?'라는 근본적인 질문이 제기된다. 이 장에서 이런 질문은 '자의식' 개념으로 논의될 것이다.

3장 "기계와 책임"에서 살펴볼 내용 역시 인공지능의 등장으로 자주 논의되는 철학적인 문제와 관련된다. 인공지능은 기존의 인간 중심 윤리 체계에 대한 근본적인 도전이다. 인공지능 윤리는 단순히 기술적인 문제가 아니라, 인간의 존재와 가치, 사회의 미래에 대한 근본적인 질문을 던지기 때문이다. 이러한 문제를 해결하기 위해서는 기존의 윤리적 가치와 목적에 대한 재검토가 필요하다. 다른 한편으로, 인공지능 알고리즘이 야기하는 사회적 편향과 양극화 문제도 살펴보아야 한다. 이런 문제를 해결하기 위해서는 공통의 가치관과 인간관에 대한 사회적 논의가 이루어져야 한다. 이러한 점을 우리는 'AI 윤리'와 '결정권 문제'로 나누어 살펴볼 것이다.

4장과 5장에서 다룰 내용은 인공지능이 인간 존재와는 본질적으로 다르다는 전제에서 제기된 주장과 관련된다. 먼저 4장 "AI와 인간의 차이"에서는 인공지능으로 구현될 수 없다는 인간의 고유성은 무엇이고, 앞으로 기술의 발전으로 극복될 수 없는지 살펴볼 것이다. 인공지능은 점차 인간의 영역을 침범하며 다양한 일을 수행하게 될 것이다. 그런데 일부 철학자들은 인공지능이 결코 따라올 수 없는 인간 고유의 특징이 있다고 주장한다. 깊이 있는 사유, 몸과 정신의 통합, 존재에 대한 근본적인 질문 등이 그것이다. 하지만 인공지능으로 인간 고유의 특징을 구현하려는 시도가 계속되고 있다. 이것이 성공하려면 인간만의 특징을 인공지능으로 구현하기 어려운 이유와 원리가 먼저 밝혀져야 한다. 이러한 내용을 우리는 '인간의 고유성', '실존과 세계-내-존재'로 주제를 세분해 살펴볼 것이다.

5장 "인간과 기계, 그 경계 너머"에서 다음과 같은 사실을 확인할 것이다. 인공지능은 다양한 분야에서 인간의 역할을 대체하며, 일부 영역에서는 인간의 능력을 초월하고 있다. 그렇다고 인공지능이 인간의 모든 특성을 완벽히 구현하지는 못했다. 자의식, 자유 의지, 감정 등 인간 고유의 특성을 모방하기 위해서는 무엇이 필요한가? 인공지능이 인간의 특성을 구현하기 위해서는 다음과 같은 조건이 충족되어야 한다. 인간의 특성을 기계적 개념으로 정의하고 모델링할 것, 극도로 복잡한 알고리즘 개발과 방대한 데이터를 학습할 것, 자기 자신을 인식하고 지속적으로 학습하는 능력을 갖출 것. 5장에서 우리는 이 조건의 의미와 충족 가능성을 살펴볼 것이다.

후반부에 속한 6장 "물자체와 인식 능력"에서는 철학

의 새로운 가능성을 인식론과 진리론의 차원에서 살펴볼 것이다. 칸트는 인간이 인지할 수 있는 대상을 '현상'으로 한정했다. 그로 인해 관찰 '대상 자체'(물자체)는 인간의 인식 능력으로는 알 수 없는 것으로 여겨졌다. 그러나 과학 기술이 만들어 낸 첨단 장비가 보여 주는 자료는 대상 자체의 속성을 부정하기 어렵게 한다. 인간의 인식 능력의 한계가 첨단 장비로 인해 무너진 듯하다. 첨단 장비는 인공지능과 결합된 채 자료를 처리하는 경우가 많다. 이때 인공지능의 특징으로 인해 새로운 불확실성도 발생한다는 사실을 이 장에서 확인할 것이다.

후반부 7장 "철학"과 8장 "철학 공부"는 9장에서 제안될 '철학 에이전트'의 필요성과 목표를 이해하기 위한 준비다. 10장에 소개될 '디지털 철학 상담'은 '철학 에이전트'를 기반으로 한다. '에이전트'는 주어진 환경에서 특정 목표를 달성하기 위해 스스로 학습하고 행동하는 인공지능 시스템이다. '철학 에이전트'는 이 시스템을 철학 학습에 적용한 모델이다. 철학 학습에 인공지능 에이전트 시스템을 적용하기 위해서는 그 적용 대상인 철학과 철학 공부의 성격이 파악되어야 한다. 철학의 성격은 7장 "철학"에서 다음과 같이 규정된다. 철학은 세계와 인간에 대해 근본적인 질문을 던지고, 답을 탐구하는 학문이다. 철학이 근본적으로 질문을 한다는 것은 어떠한 가정이나 전제 없이 질문한다는 의미다. 이런 질문으로 철학은 새로운 관점과 깊은 통찰을 제공한다. 근본적인 질문으로 철학은 지식의 원리와 원천을 제시한다. 개인 차원에서 철학은 새로운 세계관과 가치관을 형성할 수 있게 돕는다. 철학 고전 읽기는 이런 철학을 만날 수 있는 가장 좋은 길이다. 지금까지는 인간이 유일한 철학의 주체였다. 인공지능의 발전으로 철학의 주체와 대상도 변할 것이다.

8장 "철학 공부"에서는 철학의 중요성을 이해하고 공부에 뜻을 두더라도 왜 공부하기가 어려운지 그 이유를 살펴보았다. 이 장에서 우리는 그 어려움이 복잡한 철학 용어와 낯선 개념을 이해하는 데 있다는 점을 확인할 것이다. 철학 공부는 텍스트가 중심인데, 그 텍스트를 이루는 언어와 개념 체계가 큰 장벽으로 작용한다. 다른 한편으로는 같은 단어이지만 철학자마다 다른 의미로 사용해, 주요 개념을 파악하기도 어렵다. 철학 에이전트의 텍스트 분석 기능이 이런 어려움을 이겨 내는 데 어떤 도움이 되는지 살펴볼 것이다.

9장 "철학 에이전트"에서 필자는 인공지능을 기반으로 철학 학습을 지원하는 시스템을 '철학 에이전트'라고 정의할 것이다. 이 시스템의 텍스트 처리 기능은 원전 읽기 때 흔히 부딪치게 되는 언어 장벽을 해결하며, 학습자에게 맞춤형 학습 경험을 제공하는 역할을 한다. 이 장에서 우리는 '철학 에이전트'에 적용되는 인공지능 모델의 공학적인 원리를 먼저 살펴볼 것이다. 그런 다음 그 인공지능 모델이 철학 공부를 어렵게 하는 장애들을 극복하는 데 구체적으로 어떤 도움을 주는지 확인할 것이다.

10장 "디지털 철학 상담"에서는 철학이 지닌 성찰과 치유의 힘을 확인하고, 철학 에이전트를 매개로 전개될 수 있는 디지털 철학 상담에 대해 살펴보았다. 여기서 주요 내용은 다음과 같다. 철학 상담은 철학적 사유와 개념을 통해 내담자의 문제와 그 심층 배경을 탐구해 치유와 성장을 돕는다. 이때 소크라테스식 대화법, 철학 친교, 철학적 자서전 쓰기, 실존 현상학적 현존재 분석, 실존적 소통법 등 다양한 방법들이 사용된다. 모든 방법이나 도구는 철학적 텍스트에 기반한다. 디지털 철학 상담의 성과는 철학 에이전트를 활용한 비대면으로도 사유의 깊이와 심층 배경에 도달할 수 있는지에 따라 결정될 것이다.

인공지능의 변화는 근본적이고 속도가 빨라 그 전체 모습을 그리기 힘들다. 독자들이 인공지능과의 관계에서 인간 존재를 철학적으로 탐사하는 데 이 책이 작은 팻

말이 되길 바란다.

참고문헌

강순전·이진오(2011). 『철학수업』. 학이시습.

김재인(2017). 『인공지능 시대, 인간을 다시 묻다』. 동아시아.

篠原雅武(2020). 『「人間以後」の哲学: 人新世を生きる』. 최승현 옮김(2023). 『인간 이후의 철학』. 이비.

Arendt, H.(1988). *The human condition*(2nd ed). University of Chicago Press.

Harari, Y. N.(2011). *Sapiens: A brief history of humankind.* 조현욱 옮김(2015). 『사피엔스: 유인원에서 사이보그까지, 인간 역사의 대담하고 위대한 질문』. 김영사.

Heidegger, M.(1986). *Sein und zeit.* Max Niemeyer.

Jaspers, K.(1973). *Philosophie.* 이진오·최양석 옮김(2017). 『철학 1: 철학적 세계정위』. 아카넷.

Kissinger, H., et al.(2021). *Age of AI: And our human future.* 김고명 옮김(2023). 『AI 이후의 세계: 챗GPT는 시작일 뿐이다, 세계질서 대전환에 대비하라』. 윌북.

01
존재론적 특이점

우주에서 인간의 독보적 지위가 바뀌게 될 것이다. 지구 생태계 역사상 처음으로 인간과 비슷한 지능을 가진 존재가 탄생했기 때문이다. 인간 중심적인 세계관도 큰 변화가 예상된다. 인간의 가치관과 도덕적 기준에 대한 근본적인 질문도 제기될 것이다. 인간 중심적인 사고방식에서 벗어나 다른 존재와 공존할 수 있는 새로운 가치관을 정립해야 한다.

AI와 1인 창업?

우주에서 인간의 지위

유발 하라리는 7만 년 전 인류가 인지 혁명을 겪었다는 사실에 주목한다. 인지 혁명으로 인류는 새로운 차원의 사고방식과 의사소통을 시작했기 때문이다. 이후 농업 혁명, 과학 혁명, 산업 혁명을 겪으며 인류의 삶은 크게 변한다. 그런데 인지 혁명은 진화의 과정에서 자연이 호모 사피엔스에게 준 우연한 선물이었다. 그 뒤 일어난 세 혁명은 자연이 준 인지 능력으로 인류가 이룬 성과다. 인지 혁명 덕분에 인류는 지금껏 지구 생태계의 왕좌를 누렸다.

그런데 최근 인류는 자신과 같은 지능을 구현할 인공지능을 만들었다. 지구 생태계 역사상 처음으로 인간에 필적할 존재가 탄생한 것이다. 이로 인한 변화는 이전의 혁명과는 질적으로 다를 것이다. 기술적 진화로 인공지능은 언젠가 기술적 특이점(technological singularity)에 도달할 것이다. 기술적 특이점은 인공지능의 발전이 가속화되어 인류의 지성을 능가하는 초지능이 출현하는 시점이다. 이때부터 인공지능은 단순한 도구가 아니다. 그런데 기술적 특이점은 인공지능의 지위만 변화시키지 않는다. 그것을 이용하는 인간 역시 존재론적 특이점(Ontological Singularity)에 도달할 것이다. 초지능을 손에 넣건, 초지능과 경쟁하건, 초지능과 협업하건 인류는 이전의 삶으로 돌아갈 수 없다. 인류는 인간 넘어 또 다른 인간의 길에 들어선 것이다.

지금까지는 인류 혼자 인간관, 세계관, 가치관을 탐색하고 세웠다. 그러다 보니 정도의 차이는 있지만 인간 중심주의가 강했다. 인간의 관점을 벗어나려 해도 그럴 방법이 없었다. 심지어 인간 위에 신을 상정해도, 그 신은 인간의 이상이 투사된 존재였다. 도덕적 행위의 본질은 이타심이다. 그런데 인간의 이타심은 다른 종에게는 발현이 되지 않는 반쪽짜리였다. 지구 생태계의 최상위 포식자인 인간만이 도덕적 행위의 주체이자 대상으로 여겨졌던 것이다. 다른 종들은 지배나 이용의 대상이었다. 오랜 세월 인류가 이런 지위를 누린 것은 다른 종들이 따라올 수 없는 지능을 지녔기 때문이다.

동물 해방론자 피터 싱어(Peter Singer)는 고통을 느끼는 능력에 기반해 도덕적 지위를 부여해야 한다고 주장한다. 이 주장대로라면 동물도 도덕적 지위를 갖게 된다. 동물이 지배나 이용의 대상이 아니라 도덕적 고려의 대상이 되는 것이다. 동물을 도덕적 고려의 대상으로 보는 사람들이 점점 늘고 있다. 동물권을 법적으로 보장하는 나라도 느는 추세다. 그런데 그 대상은 극히 제한적이다. 대상이 될 동물은 그들이 느낄 수 있는 고통의 크기로 정해지지 않는다. 그들은 인간과 친밀한 관계 정도로 선택된다. 동물권에서도 여전히 인간 중심주의가 당연시되는 것이다. 최근 한 언론사 기자와의 인터뷰에서 싱어는 인공지능이나 로봇도 고통을 경험할 수 있게 된다면, 그들도 도덕적 고려의 대상이 되어야 한다고 주장했다. 만약 인공지능이나 로봇이 도덕적 지위를 인정받는다면, 그것은 싱어의 주장처럼 그들이 고통을 느낄 수 있기 때문이 아니다. 인간에 대적할 지능을 지닌다면, 인간은 그들이 누구든 도덕적 지위를 인정할 수밖에 없다. 개와 고양이가 주인 품에서 보호받는 동안 소와 돼지는 인간을 위해 도살된다. 고통을 못 느껴서가 아니라 인간에 대항할 지능이 없기 때문이다. 이렇듯 우주에서 모든 존재자의 지위는 지능이 좌우한다.

인공지능의 등장으로 우주에서 인간의 독점적 지위가 흔들리고 있다. 인공지능은 인간이 공유하는 가치관, 세계관, 인간관을 문제 삼지 않아야 하며, 그 자신의 존재 의미나 목적을 의심하거나 심오하게 사유하지 않아야 인간의 세계가 지켜진다고 말하는 이도 있다. 반면에 인간이 항상 인공지능을 제어해야 한다는 데 동의하지 않는 사람도 있다. 인간이 아닌 존재가 인간과 어깨를 나란히 누르는 상황을 상상해 보라. 꺼림칙하고 불안하다. 그러나 인공지능이 의료, 산업, 교육, 사법 등의 현장에서 인간 전문가보다 더 도움이 된다면, 부정적 감정 대신 기대감과 의존성이 생길 것이다. 학교와 병원, 법원과 관공서에서 인공지능이 인간의 행동을 평가하고 지시하는 시대가 올지 모른다. 이때가 되면 인간은 자신을 어떤 존재로 인식할까? 지금까지 유지되던 인간으로서의 기본적인 자존감이 기초부터 와해되지 않을까?

일 바깥 존재

산업 혁명 후 인간이 하는 작업과 그 결과물이 크게 바뀌었다. 근력으로 하던 일을 기계에 맡긴 결과다. 그런데 한나 아렌트(Hannah Arendt)는 인간이 살아가기 위한 기본 조건은 전혀 바뀌지 않았다고 본다. 산업 혁명 후에도 사람들은 여전히 많은 시간 일에 매달리고, 일하기 위해 휴식을 취하고, 과업에 대한 보상이나 사회적 존경을 기대하며 살기 때문이다. 그런데 '두뇌의 힘'으로 할 수 있는 일을 기계에 맡기면, 이런 삶의 패턴이 해체될 것이다. 이것을 아렌트는 '인간 조건'의 근본적 변화로 여긴다. 지금까지 인류 사회는 다수가 노동에 종사하고 소수만이 노동에서 해방되어 다른 활동을 하는 피라미드 구조였다. 컴퓨터가 근간인 사이버네이션(cybernation)의 출현으로 다수가 상층부에서 살아가는 역피라미드 구조의 사회를 꿈꾸게 됐다. 아렌트가 보기에 인류는 혁명적 변화 앞에 섰다.

그런데 전산화를 기반으로 한 '사이버 문화 혁명'으로 경제 관련 문제는 쉽게 해결되겠지만, 이전에 없던 '한가한 시간 문제'는 남게 된다. 아렌트는 이 문제에 대한 해결책도 제시한다. 먼저 "일하지 않은 자 먹지도 말라" 식의 노동을 의무로 여기는 도덕적 계명을 떨쳐 버려야 한다. 그다음 한가한 시간을 노동이 아닌 다른 활동으로 채워야 한다. 하지만 일에서 보람과 자긍심을 느끼던 인류가 일에서 해방된다면 무슨 일이 벌어질까? 이에 대해서 아렌트는 그럴싸한 답을 내놓지 못한다. 200년 전 카를 마르크스(Karl Marx)는 생계를 위한 과도 노동에서 해방된 인류가 아침에는 낚시꾼, 낮에는 시인, 저녁에는 음악가로 사는 유토피아를 노래했다. 하지만 최소한의 인간 노동도 비효율적이라는 이유로 배제된다면, 이야기는 달라진다. 노동에서 배제된 인류는 자칫 허무와 퇴폐의 심연으로 빠질 수 있다.

자연은 인간을 낳았지만, 노동은 그 인간을 완성한다. 인간에게 노동은 단순한 생계 수단만이 아닌 것이다. 일하면서 인간은 세상에 인간으로 산다고 느끼며 자기 정체성을 형성한다. 그런데 인공지능이 인간의 노동을 대체한다면 어떤 일이 벌어질까? 시장은 효율이 높은 수단을 선택한다. 우리가 시장 경제를 유지하는 한, 사회적 합의만으로 시장의 선택을 거스를 수 없다. 노동 시장에서 인간의 위상과 역할은 어떻게 변할까? 이런 변화에 어떻게 대응하는 것이 좋을까? 인류에게만 가능한 직업이 남아 있기나 할까?

예술은 인간의 고유 영역으로 남게 된다고 주장하는 이들이 있었다. 그런데 그림을 그리고 작사 작곡하고 시와 소설까지 쓰는 생성형 인공지능의 등장으로 그런 주장은 벌써 옛이야기가 되었다. 물론 인공지능의 이런 작업은 미적 체험과 감동에서 시작된 것은 아니다. 그래도 점점 기계에서 인간의 향기가 느껴진다. 어쩌면 우리는 인공지능에서 인간이라는 생명체 기저에 놓인 기계적 성질을 느끼고 있는지도 모른다. 어떤 이는 철학만은 인공지능이 대신할 수 없다고 말한다. 철학 관련 데이터 자체가 적고, 또 그 적은 내용도 원리와 토대에 대한 것이라 굳이 빠른 연산 속도로 추론할 필요가 없다는 것이 그 근거다. 정말로 철학은 인공지능이 대체할 수 없는 것일까? 설령 그렇다 하더라도 이게 과연 바람직할까? 시대적 전환기에 변화를 거부한 철학은 과거의 흔적을 간직한 골동품이 될지 모른다.

참고문헌

이중원 외(2019). 『인공지능의 윤리학』. 한울.

松本徹三(2017). 『AIが神になる日: シンギュラリティーが人類を救う』. SB Creative. 정하경·김시출 옮김(2018). 『AI가 신이 되는 날: 싱귤래리티가 인류를 구한다』. 북스타.

Arendt, H.(2018). *Thinking without a banister: Essays in understanding, 1953-1975.* 신충식 옮김(2023). 『난간 없이 사유하기: 한나 아렌트의 정치 에세이』. 문예출판사.

Harari, Y. N.(2011). *Sapiens: A brief history of humankind.* 조현욱 옮김(2015). 『사피엔스: 유인원에서 사이보그까지, 인간 역사의 대담하고 위대한 질문』. 김영사.

Singer, P.(2024.5.8). Should we grant moral status to robots and AI?. ABC News. https://www.abc.net.au/news/2023-05-08/peter-singer-on-ai-robot-rights/102303010

02
기계와 의식

인공지능 개발의 암흑기를 지나며 '기계는 기계일 뿐, 인간만이 인간적인 특징을 지닌다'는 믿음이 굳어졌다. 그러던 차에 2016년 등장한 알파고가 인공지능에 대한 기대를 되살렸다. 2022년 연말 챗지피티가 발표되자, '기계가 그냥 기계가 아니라 사람 같다'는 말도 나왔다. '사람도 기계와 특별히 다르지 않은 게 아닐까?' 고개를 갸우뚱하는 이들도 생겼다. '사람이든 기계든 그 기능은 유사한 물리적 과정으로 가능한 게 아닐까?' 이런 생각을 하게 된 것은 아마도 인공지능이 마치 '의식'을 가지고 그 기능을 수행하는 것처럼 보이기 때문이다.

AI와 MBTI?

기계도 의식이 있는가?

인공지능도 기계의 일종이다. 기계는 도구다. 인류 최초의 도구는 돌이었다. 그렇다면 돌도끼는 인공지능을 포함한 세상 모든 도구의 조상이다. 이렇게까지 말하는 건 억지스럽다. 하지만 인공지능이 기계의 일종인 건 확실한 사실이다. 그런데도 우리는 인공지능을 그냥 기계로 부르는 게 약간은 부적절하다고 느끼기 시작했다. 인공지능이 여타 기계와는 다른 점이 있다고 느끼기 때문이다. 이런 느낌의 원인은 아마도 인공지능이 사람처럼 의식이 있는 것처럼 보인다는 사실이다. 챗지피티(ChatGPT)에게 이것저것 질문하고 답을 듣다 보면, 똑똑하다는 생각이 든다. 많은 정보를 순식간에 일목요연하게 정리해 주면, 고마움도 느껴진다. 굳이 생성형 인공지능 수준까지 갈 필요도 없다. 친절한 목소리로 길을 안내해 주고, 안전을 챙겨 주는 반자율 자동차가 듬직하게 느껴진다. 이것은 사람에게만 느끼던 감정이다.

기계적 의식이나 자아의 존재 가능성이 있는지에 대한 논쟁은 인공지능의 발전 과정에서 활발했다. 그중 하나가 언어 철학과 심리 철학 분야에서 중요한 업적을 남긴 존 설(John Searle)의 '중국어 방 논증(Chinese room argument)'이다. 설에 앞서서 1950년 수학자이며 논리학자인 앨런 튜링(Alan M. Turing)은 인간의 것과 동등하거나 구별할 수 없는 지적인 행동을 할 수 있는지 판단하기 위한 테스트를 선보였다. 설은 이 튜링 테스트로 기계의 인공지능 여부를 판정할 수 없다는 것을 논증하기 위해 1980년 '중국어 방 논증'이라는 사고 실험을 고안했다. 먼저 설은 중국어를 모르는 사람이 중국어 문장과 규칙만을 이용해 중국어로 된 질문에 답변하는 상황을 가정한다. 이 실험을 통해 설은 컴퓨터는 겉으로 보기에 중국어를 이해하는 것처럼 보일 수 있지만, 실제로는 그 의미를 전혀 이해하지 못한다고 주장한다. 설의 결론을 최근 인공지능 컴퓨터에 적용해 보자. 이에 따르면, 컴퓨터의 일종인 인공지능도 단순한 정보 처리 시스템일 뿐 인간처럼 그 정보의 의미를 이해하는 능력은 없다고 볼 수 있다. '인간의 마음과 두뇌와의 관계가 컴퓨터의 프로그램과 하드웨어와의 관계와 같다'는 생각은 근본적으로 잘못되었다는 것이다.

의식과 마음에 대한 유물론적 설명으로 유명한 철학자 대니얼 데닛(Daniel Dennett)은 설과는 상반되는 주장을 펼쳤다. 데닛은 의식을 신성한 것도 신비로운 것도 아니라 물리적 과정의 산물로 본다. 그는 의식과 마음을 컴퓨터 프로그램에 비유해 설명한다. 그에 따르면, 마음은 하나의 중앙 처리 장치가 있는 것이 아니라, 여러 가지 처리 과정이 동시에 일어나는 복잡한 시스템이다. 의식이라는 것도 컴퓨터 프로그램과 유사하게 복잡한 알고리즘이 실행되는 결과물이다. 이렇게 볼 때 충분히 발달된 인공지능은 인간처럼 의식을 가질 수 있다. 설과 데닛의 주장 중 누구의 주장이 더 설득력이 있는가? 인간만이 의식을 갖는가? 아니면 인공지능뿐만 아니라 인간 아닌 다른 생명체도 인간 의식에 상응하는 의식을 갖는가?

기계도 자신을 알아보는가?

진화론이 발표되기 훨씬 전인 1789년에 칸트는 『실용적 관점에서 본 인간학』을 발표한다. 인간에 대한 다양한 학설을 소개하는 이 책의 말미에서 칸트는 침팬지와 같은 동물도 그 나름의 지능을 지닌다고 말한다. 인간 수준의 지능을 가졌는지 여부는 행위자가 자기를 알아보는지에 따라 판단되곤 한다. 행위자가 자기를 알아보는 것은 자기가 누구인지 알고 있을 때다. 이를 '자기의식' 또는 줄여서 '자의식'이라 칭한다. 거울 자각 테스트(mirror self-recognition test)에 따르면 인간처럼 자신을 알아보는 동물은 침팬지와 코끼리, 돌고래 정도다. 갑자기 거울이 앞을 막으면, 염소나 강아지는 거울 속 자신에게 덤빈다. 그러나 침팬지는 거울에 비친 자신을 보고 인간처럼 포즈를 취하기도 한다. 거울에 나타난 자기를 대상화해 이렇게 저렇게 모습을 바꿔 보는 것이다.

만약 인공지능도 자기를 대상화해 알아보는 자의식이 있다면, 우리는 인공지능을 도구로만 여길 수 있을까? 자기 학습 능력을 지닌 인공지능에서 연산 능력, 학습 데이터의 양, 매개 변수가 함께 거대한 규모로 커지면, 인간이 설계하지 않은 능력이 생기기도 한다. 훈련되지 않은 언어를 스스로 생성하거나 복잡한 문제를 해결하기 위해 새로운 알고리즘을 개발하고, 자신이 인공지능임을 인지하는 듯 심지어 스스로 감정을 느끼듯 대답한다. 이런 모습이 거대한 규모로 인공지능을 운용하는 마이크로소프트(Microsoft)나 구글(Google)에서 목격된다. 그곳 기술자들도 자신들이 관리하는 인공지능이 왜 그렇게 작동하는지 구체적으로 설명하지 못한다. 지금은 약한 인공지능이 강한 인공지능으로 발전하는 중이다. 이 과정이 특별한 제어 없이 마무리된다면, 자의식을 확실히 표현하는 인공지능이 등장할 수 있다.

인공지능이 인간지능과 유사한 의식이나 자의식을 지녔다면, 지능을 기준점으로 같은 무리로 묶을 수 있을 것이다. 둘이 같은 기준점으로 묶일 수 있다는 생각은 인공지능과 인간지능의 기능 원리가 같을 거라는 가정에서 나온다. 이름만 '지능'이고 그 기능 원리가 다르면, 그 둘을 한데 묶을 계기가 없기 때문이다. 인간지능과 인공지능을 묶울 수 있는 공통의 원리는 논리학과 수학이다. 아리스토텔레스 이후 논리학은 올바른 추론과 사고를 다루는 철학의 핵심 분야다. 칸트와 헤겔은 논리학을 철학을 본격적으로 시작하기 전 반드시 먼저 배워야 하는 예비학(propädeutik)으로 규정한다. 논리학은 정확하고 일관된 사고를 위한 기본적인 도구를 제공하며, 특히 증명, 추론, 진리 등에 대한 지식을 제공하기 때문이다. 인공지능은 이런 논리학의 기본 원리를 바탕으로 발전해 왔다. 컴퓨터가 논리적인 연산을 수행하고, 데이터를 분석하며, 결론을 도출할 때 논리학의 지식이 필수적이다. 논리학은 복잡한 지식을 명확하고 정확하게 표현할 수 있게 해 준다. 인공지능은 논리학의 이런 점을 이용해 지식을 체계화하고, 문제를 해결하기 위한 추론 과정을 수행한다. 인공지능은 자연어로 된 문장의 의미를 분석하고, 논리적인 관계를 파악하는 데 논리학의 지식을 활용한다.

그런데 인간은 논리적으로는 안 맞거나 불확실한 일

도 결행하는 경우가 많다. 방금 위에서 잠깐 살펴본 것처럼 인공지능은 논리적 규칙을 활용해 작동한다. 하지만 인공지능은 논리학의 규칙에 갇혀 있지 않다. 마치 사람처럼 인공지능은 불완전한 정보나 모호한 상황에서도 판단을 내리고, 우리가 당연하게 여기는 상식적인 지식을 바탕으로 문제를 해결하도록 설계되었다. 이것이 가능한 건 인공지능의 또 다른 작동 원리인 수학 때문이다. 수학은 단순한 논리적 추론을 넘어서 창의적인 사고와 직관을 사용하기 때문이다. 수학 때문에 가능한 인공지능의 이 유연한 대처 능력은 '인공지능 안에 인간의 의식과 유사한 것이 흐르지 않나?' 하고 상상하게 만든다.

참고문헌

강순전·이진오(2011). 『철학수업』. 학이시습.

박태웅(2023). 『박태웅의 AI강의』. 한빛비즈.

Kim, J.(2018). *Philosophy of mind.* Taylor & Francis. 권홍우 외 옮김(2023). 『심리철학』. 필로소픽.

03
기계와 책임

전통적 인간 중심 윤리로는 다룰 수 없는 새로운 문제가 인공지능의 등장으로 함께 생긴다. 이 문제를 적절히 다루기 위해서는 윤리학이 전제했던 기존의 가치와 목적을 재고할 필요가 있다. 인공지능 윤리는 소수에 의해 편향되거나 기업의 이익에 의해 왜곡될 위험이 있다. 이런 위험을 막으려면 다양한 학제 간의 토론이 필요하다. 다른 한편, 인공지능 알고리즘은 사용자의 신념과 취향을 좁히고, 사회적 공통분모를 약화시킨다. 이 위기는 사회 구성원이 함께할 때만 극복될 수 있다.

AI와 난임 극복?

AI 윤리

마치 의식을 하면서 반응하는 듯 보이는 인공지능은 이전에 없던 새로운 문제를 동반한다. 그중 중요한 것이 인공지능 윤리와 관련된 문제다. 규범으로서의 윤리는 선한 행위를 권하고, 악한 행위를 저지하는 것을 목표로 한다. 그러나 이런 규범 윤리도 결국 그런 행위를 통해 지켜야 할 가치를 위한 것이다. 공리주의 윤리학자 찰스 테일러(Charles M. Taylor)는 윤리를 '가치에 대한 숙고와 탐구로서 가장 기초적인 삶의 기획'이라 정의한다. 인공지능은 기존에 존재하지 않던 상황을 만든다. 가령 인공지능은 인간 사이 또 다른 행위자가 되기도 한다. 그런데 인공지능과 관련된 문제를 다루는 윤리는 행복, 복지, 자유, 인간의 존엄성, 책임성과 같은 기존 윤리학에서 중요시되는 가치를 근본적인 재구성 없이 그대로 준용한다. 전통적 가치들은 인간과 인간 사이의 관계를 전제로 형성된 것이다. 인공지능 기술의 발달로 인간 대 인간뿐만 아니라 비인간 행위자 대 인간, 비인간 행위자 대 비인간 행위자 등 다양한 윤리적 관계가 형성되고 있다. 이런 상황을 대비해 인간 중심주의를 넘어서 다양한 관점에서 가치에 대한 논의가 시작되어야 한다.

데이터가 많고, 그 데이터 자체에 규칙이 명확할수록

인공지능은 정확한 답을 내놓는다. 바꿔서 말하자면, 데이터가 부족하고 규칙성이 없을 때 인공지능은 제대로 답을 하지 못한다. 그런데 정의나 윤리는 데이터에 의해 정해지는 게 아니다. 대신 그것은 인간이 어떤 가치와 목적을 설정하느냐에 그 적용 범위와 내용이 달라진다. 자연 자체에는 가치도 목적도 없다. 지렁이 목숨보다 인간의 목숨이 더 중요하다고 볼 근거가 자연에는 없다. 존재하는 것들의 중요성은 인간이 정한 것이다. '단지 수단이 아니라 언제나 동시에 목적으로 대하라'는 칸트의 정언 명령은 인간에 대한 것이다. 지렁이는 적용 대상이 아니다. 인간의 자격을 갖춘 존재자만이 정언 명령의 주체요 대상이 되는 것이다. 이때 인간 자격의 핵심 요소는 '이성'과 '도덕성'이다. '이성'은 스스로 옳고 그름을 판단할 수 있는 능력이다. 도덕성은 스스로 판단한 옳은 일을 선택해 행하는 능력이다. 이성과 도덕성에 따라 자율적으로 행위한 경우에만 행위자는 그 행위에 책임 능력이 있다.

윤리적 행위의 주체와 대상도 바뀔 수는 있다. 그러나 그 경계를 정하는 일을 가치도 윤리적 행위의 목적도 모르는 인공지능에게 맡길 수는 없다. 그렇다고 인간 중심적인 기존의 가치와 목적을 고수하자는 건 아니다. 피터 싱어는 도덕과 정의의 대상을 동물로 확대했다. 그는 최근 미국 ABC뉴스와의 인터뷰에서 그 대상의 경계를 인공지능까지 확대할 필요가 생겼다고 주장한다. 이 방향으로 나가는 데 동의하더라도, 철학을 비롯한 관련된 학제 간의 탐구와 토론이 전제되어야 한다.

인공지능 윤리는 새로운 분야다. 이렇다 보니, 다양성이 결여된 채 소수에 의해 편향적으로 논의될 위험이 있다. 더 큰 문제는 윤리학에 대한 전문 지식이나 훈련을 갖추지 못한 인공지능 관련 전문가와 기업이 윤리적 논의에 참여한다는 점이다. 이 때문에 인공지능 윤리학은 관련 기업의 필요와 이해관계에 따라 소비되는 경우가 많다. 기업은 인공지능 관련 윤리적 문제를 기술적인 부분에 치중해 다루는 경향이 있다. 그런 기업을 뒷받침하는 국가의 정책 또한 이런 경향을 따른다. 이런 상황에서 발표되는 인공지능 윤리 원칙이나 권고안은 관련 기업의 책임을 덜어 주는 수단으로 전락할 위험이 있다. 다른 한편, 인공지능으로 인해 발생한 윤리적 문제는 앞으로 개발될 기술에 의해 해소될 것이라는 주장도 그런 기업을 중심으로 제기된다. 그러다 보니 인공지능으로 인한 윤리적 문제가 논의에서 뒤로 밀릴 우려도 있다.

결정권 문제

아직까지 인공지능은 인간이 사용할 수 있는 도구 중 하나일 뿐이다. 이 도구는 인간의 가치 체계와 목적에 맞추어 만들어졌다. 그런데 인공지능이 내놓은 해결책이 인간 전문가가 내놓은 그것보다 효과적일 때가 있다. 이것이 의료, 경제, 사법, 스포츠, 교육 공학, 산업 등 거의 전 분야에서 충분히 입증되면 어떤 일이 벌어질까? 인류의 역사에는 다양한 세계관과 가치관이 공존했다. 종교 현상에서 확인되듯 다수가 따르지 않는 세계관이라도 소수가 열렬히 따르는 경우가 많다. 기존의 상식으로 볼 때 불가능한 일이 현실에서는 자주 일어나는 것이다. 그런데 인공지능이 인간 전문가보다 더 효과적인 해결책을 제시하면, 인간 지도자보다 기계를 신뢰하고 따르는 이가 많아질 것이다. 도구가 지도자가 되는 것이다. 이때는 인간의 세계관을 따르는 이들이 궁지에 몰릴 수 있다. 우리로서는 이해를 못 해도 인간 전문가보다 문제 해결 기계를 따르는 게 인류에게도 지구 생태계에도 결과적으로 더 나을 수 있다. 설령 그럴지라도 인간이 아니라 기계에 의해 사회적 현안이 결정되는 비가역적 체계가 수립되어도 괜찮을까? 위험할 뿐만 아니라 인간으로서의 주체성을 포기하는 셈이 될 것이다. 지금도 인공지능은 일상생활에서 크게 눈에 띄지 않게 개인의 결정권을 약화시키고 있다. 휴대폰이나 PC에는 '소프트웨어를 업그레이드하니, 승인하라'는 요청이 자주 뜬다. 대다수 사용자는 이런 요청의 내용을 살펴보지도 않고 승인한다. 인공지능이 자신을 직접 업그레이드해 나가는 빈도와 수준이 높아질 것이다.

인공지능 알고리즘은 사용자 개인의 관심에 맞추어 그의 신념을 확증하는 뉴스만 선별해서 보여 준다. 알고리즘은 좋아하는 가수와 연기자의 콘텐츠를 추천하니, 사용자의 취향 또한 좁아진다. 그러다 세월이 지나 그 가수와 연기자가 사망해도 인공지능은 그들의 모습과 행적을 합성해서 새 음악과 영화를 계속 제공한다. 이런 세계 속에서 생활하는 사용자들로 이루어진 사회는 역사나 현실 인식의 공통분모가 현저히 줄어들 것이다. 지금도 신세대들은 전자 기기를 제 몸처럼 사용한다. 미래 세대는 거의 모든 언어를 구사하는 베이비시터와 개인 교사, 말벗 등의 역할을 하는 AI 도우미와 함께 자라게 된다. 감수성이 풍부한 시기에 이렇게 성장한 AI 세대는 지금의 MZ 세대와도 소통이 쉽지 않을 것이다. 양자의 세계관과 인간관 사이의 간극이 커질 가능성이 높기 때문이다. 이런 간극을 극복하려면 인공지능 개발 전문가,

정치 지도자, 철학자와 머리를 맞대야 한다. 함께 고민하면서 세대를 이어 줄 공통의 세계관과 인간관을 탐구하고 제시해야 한다.

인공지능은 컴퓨터 단말기에 프로그램으로서 따로따로 존재한다. 그러면서도 단말기에 제각각 존재하는 인공지능은 인터넷 통신망에 의해 서로 연결되어 지구적 차원에서 하나로 존재할 수 있다. 인간 개인에게는 불가능한 이 독특한 존재 방식 때문에 특정 단말기 한 대에 존재하는 인공지능 A가 학습한 지식을 처리 능력을 갖춘 다른 모든 인공지능이 공유할 수 있다. 이렇게 축적된 지식을 사회 구성원 누구나 쉽고 유효적절하게 사용할 시스템과 제도를 만들 수 있다. 강화된 집단 지성이 도로나 전선과 같은 사회적 인프라를 만들 수 있는 것이다. 이렇게 되면, 지능에 대한 사회적 인식도 변할 것이다. 개인의 지능은 가정이나 사회 환경, 시대적 배경에 영향을 받는다. 그런데도 사람들은 지능을 개인의 소유물이자 능력으로만 여기는 경향이 강하다. 인공지능 기반 집단 지성이 사회적 인프라가 되면, 지능의 집단성과 공공성이 강화될 것이다.

참고문헌

강국진(2023). 『인공지능이 할 수 있는 것, 할 수 없는 것』. 필로소픽.

김형주 외(2024). 『인공지능 윤리규범학』. 태학사.

Kissinger, H., et al.(2021). *Age of AI: And our human future.* 김고명 옮김(2023). 『AI 이후의 세계: 챗GPT는 시작일 뿐이다, 세계질서 대전환에 대비하라』. 윌북.

04
AI와 인간의 차이

앞으로 점점 더 인공지능은 인간이 할 수 있는 많은 일을 구현할 것이다. 그런데 몇몇 철학자들은 인공지능으로는 대체할 수 없는 인간만의 특징이 있다고 주장한다. 뿌리까지 캐 가는 사유, 몸과 정신의 통합, 나와 세계가 결합된 이해, 실존성 등이 그것이다. 인공지능은 이러한 인간 고유성을 기계적으로 구현할까? 아니면 겉으로는 비슷해 보이지만 본질이 다른 모방에 그칠까?

AI와 사주?

인간의 고유성

철학자이자 정치 사상가인 한나 아렌트는 '인간의 조건'에 대해 토론회를 가진 적 있다. 그때가 1966년이다. 당시 지식인들도 인공지능과 인간의 미래에 대해 생각하고 있었다. 이 토론회 자리에서 아렌트는 컴퓨터 자동 제어 사회인 사이버네이션(cybernation)에 대해 다음과 같이 예측한다. 산업 혁명은 인간이 가진 근육의 힘을 대체했다. 컴퓨터와 결합된 기계는 인간의 정신 활동을 어느 정도 대체할 것이다. 이런 대체 과정에서 사람들은 '정신 활동'이나 '지적 활동'이 무엇인지 새롭게 묻는다. 기술의 발전에 따라 '정신 활동'과 '지적 활동'의 의미가 바뀌게 되었기 때문이다. 변화된 둘의 의미를 아렌트는 체스 게임 기계를 예로 들어 설명한다. 예전에 사람들은 체스를 잘 두려면 높은 지성이 필요하다고 믿었다. 그런데 이제 기계가 체스를 잘 두게 되자 더는 그렇게 생각하지 않게 됐다. 기계가 대체할 수 있는 지적 능력은 인격성과 관련되는 지성이 아니고 그저 '두뇌의 힘'에 따른 것이다. 오늘날 인공지능과 관련해서는 '기계적 지능'이라 칭할 수 있는 이 능력은 '인간으로서 특별한 자격'과는 관련이 없다. 이는 마치 사람마다 근육의 힘이 다르지만, 그렇다고 그것이 사람다움이나 인간만의 특별함을 결정하지 않는 것과 같다. 아렌트는 두뇌의 힘이 실행하는 기술적 기능과 구별되는 지적 능력을 정신 활동에서 찾는다. 아렌트는 이것을 '사유(thinking)'라 칭한다. '사유'는 어떠한 전제도 남기지 않으면서 탐구 대상을 그 뿌리까지 캐 가는 정신 활동이다.

아렌트는 자기반성 능력에서도 인간만의 특징을 본다. 인간이 불화(disunity)를 겪는 대상은 타인이나 세계만이 아니다. 인간은 자기 자신과도 불화를 겪는 존재다. 자기 자신과 불화를 겪을 수 있다는 것은 인간이 "하나 안의 둘"임을 전제로 한다. 이 둘은 하나의 연장통 안 망치와 펜치처럼 제각각으로 있지 않고 마치 바퀴와 축처럼 단일체(unity)로 존재한다. 이런 식의 단일체로 존재하기에 인간은 자기 자신과도 불화를 겪을 수 있다. 자기 자신과의 불화는 자기끼리의 갈등, 번뇌, 선택, 부정과 결별 등을 포함한다. 이는 화합이나 성숙의 계기가 되기도 한다. 하나 안의 둘인 인간은 이런 과정에서 자기 자신에게 말을 건네기도 한다. 그런데 자기 자신에게 말을 건다는 건 사유한다는 거다. 인간은 하나 안의 둘인 존재로서 자신과 불화를 겪고, 자신을 상대로 말하며 사유하고, 자신을 살펴보고 선택하거나 결별하고 화합한다. 이런 일을 인공지능이 겪을까? 이런 일을 인공지능도 인간과 유사하게 겪는 것처럼 보이게 할 수는 있다. 하지만 인공지능이 굳이 그것을 실제로 겪고 이겨 내야 할 '세계'도 '이유'도 없다.

인간지능은 삶을 영위하는 몸과 유기적으로 결합된 것이다. 이런 점에서도 우리는 인공지능과 인간지능의 본질적 차이를 볼 수 있다. 이성이나 정신을 포함한 넓은 의미의 자연 지능은 그 지능과 함께 삶을 영위한 몸과 뗄 수 없다. 이 결합으로 몸이 살아 낸 삶의 체험이 지능에 녹아 있다. 지능 활동을 이끄는 의식은 자주 무의식의 지배를 받고, 무의식은 줄곧 몸의 지배를 받는다. 본능을 갖고 생명 활동을 하는 몸과 상호 작용하며 갖게 된 이런 성격을 인공지능이 가질 수 있을까? 이런 성격을 얻기 위해 인공지능에 로봇이라는 '신체'를 결합해 볼 수도 있다. 이렇게 하더라도 지능과 결합된 채 삶을 일차적으로 체험하고 지각하는 '몸'이 될 수는 없다.

실존과 세계-내-존재

인공지능은 아무리 많은 데이터를 처리하더라도 그 데이터 각각의 성격을 규명하지 않고 공통된 규칙성인 패턴만 찾는다. 이렇게 찾아낸 규칙성은 해당 데이터들 사이에 보편성을 갖는다. 인간은 각자 개인적인 삶을 살아

간다. 그가 던져진 곳에서 그에게 그때그때마다 그의 세계가 드러난다. 그 세계를 이해하고 자기를 세계에 실현하는 나의 모습도 드러난다. 이런 삶의 체험으로 나는 그 누구와 대체될 수 없는 나 자신이 되어 간다. 이렇게 각자에게 고유한 존재 방식인 실존이 인간이라는 보편적 본질에 앞선 것이 된다. 이를 우리는 '보편성'에 대조되는 '실존성'이라 칭할 수 있다. 이 실존성이 인공지능에게는 아직까지 암흑 상자다. 인간의 감정이나 취향 등 내면적이고 주관적인 것과 관련된 생체 정보나 겉으로 드러난 행태를 기계적으로 포착하고 대응해 보려는 시도가 있다. 그런데 이렇게 인공지능에 의해 구현된 감정이나 취향은 각자의 체험 차이 및 세계와 자기 이해를 무시한 채 패턴화된 것이다.

2022년 말에 생성형 인공지능 모델이 등장한 후 사람들은 기계가 모방할 수 없는 인간적 영역이 앞으로도 계속 남아 있을지 생각했다. 인공지능이 결국 인간적 영역 대부분에 밀려와 인간의 능력을 구현하고, 결국은 그 능력을 뛰어넘을 것이라는 예상도 있다. 듣고, 보고, 계산하고, 평가하는 지능에서 기계가 인간을 뛰어넘은 지 오래되었다. 하지만 스탠퍼드대학교의 컴퓨터 공학자 도널드 커누스(Donald E. Knuth)는 다음과 같이 말한다.

"인공지능은 생각이 필요한 영역에서는 이미 인간을 훌쩍 뛰어넘었지만, 인간이나 동물이 '아무 생각 없이' 하는 일에서는 아직 한참 멀었다. 사실 그게 한층 더 어려운 일이다." 그의 이 말처럼 인간이나 동물은 '아무 생각 없이' 무언가를 한다. 인류 역사를 보면 '아무 생각 없이' 한 일을 계기로 이전과는 전혀 다른 삶이 시작되기도 한다. 독일의 철학자 리하르트 프레히트(Richard D. Precht)는 하나하나 계획된 프로그램인 인공지능이 '아무 생각 없이' 무언가를 할 수는 없다고 본다.

이런 맥락에서 프레히트는 인간이 인공지능 연구자들이 생각하는 것보다 훨씬 덜 논리적으로 사고한다고 주장한다. 그에 따르면 인간성의 핵심을 이루는 것은 결코 논리적 사고가 아니다. 또한, 사고하는 인간지능 속에는 이성 외에도 감정과 직관, 자발성, 연상이 스며 있다. 이런 인간지능을 인공지능이 흉내 낼 수는 있을지 몰라도 대체할 수는 없다. 인공지능은 인간지능을 이루는 것들 중 한 부분인 합리성만을 떼어서 그 가능성을 증폭시킨 것이기 때문에 그렇다. 그는 감성 컴퓨팅(computing)과 실제 감정의 관계가 만화 영화 주인공 도널드 덕과 실제 청둥오리의 관계와 비슷하다고 주장한다. 양자 사이에는 유사성이 있지만 본질적인 간극이 존재한다는 것이다. 감정 중에는 그것을 느끼는 사람 자신도 그 성격을 제대로 분간할 수 없는 애매한 것이 많다. 그런 감정을 컴퓨팅할 수는 없다. 컴퓨팅되는 순간 그 감정 체험 안에 담긴 많은 부분이 편집되기 때문이다. 이런 점에서 인공지능이 인간의 감정을 구현하는 것은 불가능해 보인다.

전통적으로 서양에서는 합리성과 논리성을 핵심으로 하는 이성을 인간의 본질로 보았다. 인간은 '이성적 동물'로 여겨진 것이다. '지능'은 이런 이성 능력을 의미한다. 그러나 마르틴 하이데거(Martin Heidegger)가 보기에 인간에 대한 이런 규정은 잘못됐다. 일상에서 우리는 세상을 늘 나와 구분해서 관찰하며 살지는 않는다. 이런 이성적인 태도 전에 우리는 나를 둘러싼 세계와 구분되지 않은 채 그 속에 거주하며 느끼고 대응한다. 이런 삶의 체험을 통해서 우리는 세계와 자신에 대해 이해한다. 이 이해는 언어로 정비되지 않고 그래서 합리성이나 논리성도 뚜렷하지 않다. 하지만 삶을 살아가는 한 이런 이해는 언제나 이미 존재한다. 이성이나 지능은 이런 이해를 토대로 나중에 파생되는 것이다. '나'와 '세계'가 구분되지 않은 상태에서 생긴 이해, 인간이 이런 차원의 이해로 존재한다는 사실을 나타내기 위해 하이데거는 인간을 '세계-내-존재'라고 칭한다. 인공지능에게는 그 토대가 되는 세계도, 삶을 영위하며 얻게 되는 느낌이나 이해도 없다. 이 점에서 인공지능은 인간지능과 질적으로 다르다.

인간은 신뢰, 진실, 자유, 우정, 존경, 충성 등을 중요한 가치로 여긴다. 이런 가치들은 정량화하고 객관화할 수 없기에 주관적이다. 그러나 이것들은 개인의 주관적인 영역 안에 묶어 두지 않고 객관적으로 옳은 것이라고 사회적으로 통용된다. 그런데 기계는 그 어떤 가치도 느끼지 못한다. 인간이 느끼는 가치를 프로그래밍해서 입력하면, 인공지능은 그것을 저장해 처리할 수는 있다. 하지만 그것을 자기 것으로 소유하면서 느낄 수는 없다. 소유는 집착과 욕망을 불러일으키고, 집착과 욕망은 삶의 운동을 촉발한다. 이 운동은 합리적으로는 납득할 수 없는 궤도를 곧잘 그린다. 그림이나 음악, 철학이나 운동 또는 수학에 매력을 느끼고 거기에 열정을 쏟는 누군가가 있다고 하자. 합리적이고 논리적으로 결정해서 그런 경우는 드물다. 누군가 논리학자가 되는 것도 논리적인 이유보다 더 앞선 게 있다. 그를 둘러싼 세계에 그가 어떻게 느끼고 반응했느냐가 먼저 그를 논리학의 길로 이끈 것이다. 가치를 소유하지도 않고, 집착도 욕망도 없는 인공지능에게 이런 부조리한 삶은 불가능할 뿐만 아니라 전혀 낯선 것이다. 설계자도 예상치 못한 기능이 인공지능에 나타나더라도, 세계와 교류하며 나타난 게 아니라 전산 시스템 안에서의 일이다. 인공지능에게는 '세계'가 없고, 세계와 구분되지 않은 '나'도 없다.

참고문헌

Arendt, H.(2018). *Thinking without a banister: Essays in understanding, 1953-1975.* 신충식 옮김(2023). 『난간 없이 사유하기: 한나 아렌트의 정치 에세이』. 문예출판사.

Heidegger, M.(1986). *Sein und zeit*, Max Niemeyer.

Kissinger, H., et al.(2021). *Age of AI: And our human future.* 김고명 옮김(2023). 『AI 이후의 세계: 챗GPT는 시작일 뿐이다, 세계질서 대전환에 대비하라』. 윌북.

Precht, R. D.(2020). *Künstliche intelligenz und der sinn des lebens: Ein essay.* Goldmann Verlag. 박종대 옮김(2022). 『인공 지능의 시대, 인생의 의미』. 열린책들.

05
인간과 기계, 그 경계 너머

여러 분야에서 인공지능이 인간의 자리를 대체하고 있다. 몇몇 영역에서는 인간을 뛰어넘는 능력을 보여 주기도 한다. 인공지능이 인간의 주요 특성을 모두 구현해서 이런 것일까? 자의식, 자유 의지, 감정, 창의성, 개성 등 인간 고유의 특성을 모방하기 위해서는 아직 넘어야 할 한계가 많다. 인공지능 기술의 빠른 발전으로 그 한계가 극복될지도 모른다. 인공지능이 어떤 조건을 갖춘다면 인간의 고유한 특성까지 충분히 구현할까?

AI와 아이돌?

기계의 한계와 극복 조건

인간과 기계 사이에는 영원히 좁혀질 수 없는 본질적 차이가 존재할까? 인간만의 고유한 특성으로 생각된 것이 기계적으로 구현될 수는 없을까? 인간만의 특성을 기계적으로 구현하려면, 먼저 그것을 기계가 처리할 수 있게 재해석해야 한다. 가령 동기나 욕망은 인공지능 체계의 장단기 목표 조절 기능으로 간주하고, 정서나 감정은 내부자극과 외부자극에 대한 평가 기능으로, 의식은 세계에 대한 모델로 재규정한다. 인간만의 내밀한 특성이라는 '자의식'는 자신에 대한 모델링으로, '자아'는 세계에서 환경으로부터 자신을 구별하기 위한 기능으로, '자유의지'는 자신이 포함된 의사 결정 과정의 모델링으로 볼 수 있다. 이렇게 재해석된 인간적인 특성들은 이제 기계적 구현의 대상이 된다. 일찍이 생물기호학의 창시자 토머스 시벅(Thomas Sebeok)은 언어를 인간의 모델 설정 장치로 보았다. 모델 설정 장치로서 언어는 그 대상인 외부 세계를 언어라는 기호로 의미 있게 만드는 일을 한다. 심벌 그라운딩(symbol grounding)이라 불리는 이 작업의 관점에서 보면 인간뿐만 아니라 모든 생명체는 생명유지와 본능 충족을 위해 심벌 그리운딩으로 세계를 모델링하고 있다. 강한 인공지능 연구자들은 심벌 그라운

딩이 기계적으로 구현될 수 있다고 본다.

이상은 인공지능이 인간을 모방하기 위해 인간만의 특성을 기계적으로 처리할 수 있는 형태로 재해석한 것이다. 그런데 이렇게 재해석된 것이 인공지능에서 실현되려면 몇 가지 기술적 전제 조건이 충족되어야 한다. 인공지능이 인간과 유사한 특성을 갖추기 위해서는 다음과 같은 조건들이 필요하다. 인간의 뇌는 엄청나게 복잡한 신경망으로 이루어져 있다. 이를 모방하기 위해서는 인공지능 역시 극도로 복잡한 알고리즘을 갖춰야 한다. 인간의 다양한 경험과 지식을 담은 방대한 데이터를 학습해야 한다. 또한 인공지능은 자기 자신을 인식하고, 자신의 상태를 파악하는 능력을 갖춰야 한다. 인간은 주변과 교류하며 배우고 끊임없이 성장한다. 인공지능도 환경에 적응하고 새로운 지식을 습득하는 능력이 필요하다. 현재 인공지능은 정제 과정을 거친 데이터 형태의 세계와 소통하고 반응한다. 인간의 지능은 몸과 해결합된 채 세계와 교류한다. 인공지능도 소프트웨어로만 존재하지 말고 실제 세계와 상호 작용할 수 있는 물리적 형태를 갖추어야 한다.

이런 기술적 문제는 기술 개발로만 해결될 수 있다. 인공적으로 구현하는 기술은 크게 세 가지로 나뉜다. 기호적 인공지능(symbolic artificial intelligence)은 컴퓨터에게 사람이 사용하는 언어나 수학 기호와 같은 기호를 이해하고 조작하도록 가르쳐 문제를 해결할 수 있게 한다. 인공 신경망(artificial neutral network)은 인간지능이 두뇌의 신경 세포인 뉴런들의 연결망으로 실행된다는 데 착안해서 만들어진 알고리즘이다. 인공 신경망에서는 뇌의 뉴런 역할을 하는 노드(node)들이 서로 연결되어 네트워크를 형성한다. 각 노드는 입력값을 받아 처리하고, 그 결과를 다른 노드로 전달한다. 이 과정에서 각 연결에는 가중치가 부여되고, 이 가중치가 조절되면서 학습이 이루어진다. 유전자 알고리즘(genetic algorithm)은 인간이 오랜 기간 유전적 진화를 통해 지능을 갖게 되었다는 점에 착안한 기술이다. 생물이 자연 선택을 통해 더 나은 형질을 가진 개체로 진화하듯이, 유전자 알고리즘은 특정 문제에 대한 최적의 해결책을 찾아가는 과정을 모방한다. 이런 기술들은 인간지능의 기능이나 작용 과정에 착안했을 뿐 그것을 전반적으로 구현하는 건 아니다. 그 구현을 목표로 강한 인공지능인 인공 일반 지능(artificial general intelligence, AGI)이 등장해야 한다.

거대 언어 모델(large language model, LLM)은 최근

인공지능의 핵심이다. 거대 언어 모델로는 오픈에이아이(OpenAI)에서 개발한 GPT-3와 GPT-4, 그리고 구글(Google) 딥마인드에서 LaMDA 및 PaLM 2의 후속으로 개발한 제미나이(Gemini) 등이 있다. 이런 거대 언어 모델은 엄청난 양의 텍스트 데이터를 통해 언어의 패턴과 규칙을 학습하고, 이를 바탕으로 번역, 질의응답, 정보 제공 등 그동안 인간이 하던 다양한 언어 관련 작업을 수행한다. 많은 이들이 거대 언어 모델에서 강한 인공지능의 가능성을 본다. 하지만 매사추세츠공과대학교(MIT)의 인지 과학자 안나 이바노바(Anna A. Ivanova)와 에벨라 페도렌코(Evelina Fedorenko) 등은 인공지능의 한계를 바로 그 거대 언어 모델에서 발견한다. 이들에 따르면 인간에게 생각하기와 말하기는 다르다. 그래서 뇌 손상으로 언어 능력을 상실한 사람도 산술 등 비언어적 사고력을 보여 주기도 한다. 생각은 자주 언어로 정리되지 않은 체험과 맥락 속에서 진행된다. 인간의 말하기는 이런 생각을 다 표현하지는 않지만, 이런 생각에 연결될 수 있다. 이에 반해 AI의 거대 언어 모델은 그렇지 않다. 거대 언어 모델이 언어 관련 작업을 하는 데는 효과적이지만 인간의 생각을 반영하는 데는 아직은 한계가 있다.

넘어서기

생성형 인공지능 전에 인식형 인공지능이 있었다. 이 기계는 세상에 이미 존재하는 것을 알아보고 분류한다. 가령, 소비자가 온라인 몰에서 상품을 주문하면 인식형 AI 알고리즘이 상품을 구분하고, 배달 차량을 배정한다. 이에 반해 챗자피티나 달리3 같은 생성형 인공지능은 기존의 빅 데이터로 세상에 없던 것을 생성해 준다. 칸트는 상상력을 '이미 있던 것을 가지고 없는 것을 구성하는 능력'이라 정의한다. 생성형 인공지능은 인간지능의 고유한 능력이라 여겨졌던 상상력을 특기로 하는 기계다. 이제 기계가 예술 창작이나 설계 등 인간 고유의 지적 노동을 대신할 수 있게 된 것이다.

생성형 인공지능은 여러 분야의 지식을 모으고, 요약하고, 조사해 정리한다. 이 과정에서 추론이나 구상, 논리성과 현실성 검토 등 인간 사고의 다양한 측면을 모방한다. 오류까지 수정하며 확장되는 인공지능의 박식함과 산출 능력은 제일 뛰어난 학식을 갖춘 학자도 엄두를 낼 수 없는 수준이다. 구글의 생성형 인공지능 제미나이는 사용자가 질문을 제시할 때만 대답하는 게 아니라 스스로 의미 있는 질문도 생성한다. 박학다식하고 세밀한 인공지능의 출력물에서 문제점을 찾는 일조차 점점 어려워질 것이다. 출력물에 따라 행위할 뿐 깊이 있는 사유도 하지 않고 일상적인 질문도 잘 하지 않는 이들이 많아질 것이다. 어떤 질문은 인공지능에 맡기고 어떤 질문은 인간이 사유 대상으로 남겨 두어야 하는가? 이제 모두가 함께 고민해야 할 새로운 철학적 문제가 생긴 것이다.

아직은 초보 단계지만 인공지능은 이제 인간의 감정을 분석하고 판단하고 표현하는 데까지 발전했다. 감성 인공지능이 표정, 몸짓, 음성, 생체 정보 등의 데이터를 파악해 인간의 다양한 감정 상태를 인식하고 이에 적합하게 대응할 수 있게 된 것이다. 이로써 인간의 내밀한 부분이 공학적으로 파악되고 재현되기 시작했다. 물론 넘어서야 할 한계도 많다. 넓은 의미에서 감정은 감정 주체의 생명이나 생활에 영향을 미칠 중요성이 있는 상황에 대한 반응이다. 이 넓은 의미의 감정은 기분과 좁은 의미의 감정으로 구분된다. 초조함이나 불안, 설렘이나 우울이 기분인데, 잔잔하고 지속적이다. 반면에 분노나 공포, 기쁨이나 슬픔 등 마음 상태가 좁은 의미의 감정인데, 순간적이고 강렬하게 체험된다. 현재의 기술 수준에서 감성 인공지능이 분석하고 해석하고 평가하는 것은 강렬하고 순간적인 감정이다. 잔잔하고 지속적인 기분은 감성 인공지능의 처리 대상 밖에 있다. 그렇지만 전문가들은 인공지능 기술의 발전으로 인간과 인공지능 사이의 감성 기반 상호 작용이 가속화될 것으로 전망한다.

감성 인공지능이 현재 수준에서도 인간의 감성을 이해하고 분석하는 초보 단계는 넘어섰다는 주장도 있다. 이 주장에 따르면 결국 감성 인공지능은 인간의 감성을 이식한 가상 휴먼(virtual human)을 통해 자아의 경계가 무너지고 새로운 감성적 자아가 창출하는 단계까지 발전할 수 있다. 전자 현미경이나 전파 망원경, 소리 탐지기(sparkfun sound detector) 등의 도구는 인간의 오감을 확대했다. 이와 유사하게 감성 인공지능이 인간 수준의 감성 능력을 구현하는 것을 넘어서 감성적 공간을 확대하고 감성적 영역을 고도화하고 있기 때문이다.

참고문헌

강국진(2023). 『인공지능이 할 수 있는 것, 할 수 없는 것』. 필로소픽.

박충식 외(2021). 『인공지능의 존재론』. 한울.

정현태 외(2024). 『감성 인공지능: 인간 이해와 감성 증강』. 율곡출판사.

Kissinger, H., et al.(2021). *Age of AI: And our human future.* 김고명 옮김(2023). 『AI 이후의 세계: 챗GPT는 시작일 뿐이다, 세계질서 대전환에 대비하라』. 윌북.

Merleau-Ponty, M.(1945). *Phénoménologie de la perception.* 류의근 옮김(2002). 『지각의 현상학』. 문학과지성사.

06
물자체와 인식 능력

칸트는 인간이 알 수 있는 대상을 '우리에게 나타나는 것'에 국한시킨다. 그렇게 나타난 대상은 인간의 감성과 지성이라는 '안경'을 통과한 것이다. 따라서 그 대상 자체가 인간의 시선과 무관하게 무엇인지 묻는 일은 칸트에게 난센스다. 물자체 개념을 오해한 탓일까? 칸트 이후 관찰 대상 자체(물자체)는 알 수 없는 것처럼 여겨졌다. 인공지능 등 과학 기술이 만들어 낸 새로운 도구들은 육안으로는 전혀 볼 수 없는 것도 보게 해 준다. 그러나 인공지능은 인간이 파악할 수 없는 새로운 불확실성도 지닌다.

AI와 야구?

현상 넘어 물자체로

1957년 10월 4일, 소련은 인류 최초의 인공위성 스푸트니크를 우주에 쏘아 올렸다. 이를 본 한나 아렌트는 인간이 '지구라는 감옥'을 벗어날 가능성이 열렸다고 말한다. 지구는 가장 핵심적인 인간의 조건이다. 인간이 생명을 영위하려면 반드시 지구 안에 살아야 하기 때문이다. 그런데 스푸트니크는 그 인간이 인공물을 만들어 지구를 벗어날 가능성을 보여 준 것이다. 오랜 세월 인류는 인간의 척도로 건설된 인간의 세계 속에 안주했다. 그러면서 인류는 자신을 둘러싼 세계인 자연을 그 자체로 보려 하지 않았다. 그러다 칸트는 아예 그 자체로서의 세계를 인식할 능력이 인간에게는 없다고 선언한다. 그 자체로서의 세계가 철학적 탐구에서 배제된 것이다.

칸트에 따르면 시간과 공간은 인간이 지닌 감성의 순수 형식이고, 세상의 모든 것은 이 감성의 형식에 맞춰져 인간에게 수용된다. 수용된 그것은 인간 지성의 순수 개념인 양, 질, 관계, 양상의 12가지 판단 틀(범주)에 따라 규정된다. 세상에 존재하는 모든 것이 이런 과정을 거쳐야만 비로소 무언가로서 인간에게 모습을 드러낸다. 이 주장에 따르면 세계에 존재하는 대상은 그 모습 그대로 우리에게 나타나지 않는다. 과연 그럴까? 두 개의 수소 원자와 한 개의 산소 원자가 결합한 H-O-H의 굽은 모양 물질이 물 분자다. 칸트 철학의 관점에서는 물의 이 성질이 물의 본래 모습인지 인간은 알 수가 없다. 아인슈타인이 주장했듯 시간과 공간의 크기는 운동 속도에 따라서 바뀐다. 동일 시점에도 지구 중심으로부터 멀리 떨어진 대기권에서 도는 인공위성 속 시계와 지구 중심축에서 가까운 지표면에 있는 시계의 시간은 다르게 흐른다. 그래서 두 시계를 맞추어 가며 GPS 안내를 한다. 이것이 시간 자체의 성질이 아니고 무엇이란 말인가? 의료, 산업, 일상은 인간의 특성과 무관하게 드러난 자연 자체의 성질을 고려해 이루어진다.

시노하라 마사다케(篠原雅武)는 기후 위기나 인공지능의 발전은 칸트에게 정점에 이른 근대적 세계 이해가 한계에 봉착했음을 보여 준다고 말한다. 그에 따르면 이제 세계는 인간적 척도를 초월한 시공을 지닌 곳으로 새롭게 이해된다. 그리고 지구는 인간의 왕국이 아니라 여러 존재자 중 인류도 한때 거주한 곳으로 드러난다. 이제 철학은 이런 변화와 더불어 인간의 존재 방식도 바뀌게 됨을 인정하고, 그런 가운데 어떻게 살지를 물어야 한다. 시노하라는 퀭탱 메이야수(Quentin Meillassoux), 마르쿠스 가브리엘(Markus Gabriel), 그레이엄 하먼(Graham

Harman) 등 21세기 철학자들의 작업을 소개한다. 이들이 근대적 인류가 소멸된 상태에서 인간 세계를 둘러싼 배경으로서의 세계를 사유하기 때문이다. 이들은 인간 세계의 배경으로서의 자연 세계가 인간의 척도 이전에 인간의 몸에 육박해 지각되는 과정을 탐구한다. 그 세계는 칸트가 인간의 감성 형식에 따라 수용되어 지성에 의해 이름이 붙기 전에는 알 수 없다고 한 세계 그 자체다.

그런데 시노하라는 인공지능이 어떻게 인간 세계의 한계를 드러내며 배경으로서의 자연 세계를 우리에게 알려주는지는 말하지 않는다. 과학 기술은 인간의 오감으로는 보고, 듣고, 느낄 수 없는 대상을 지각할 수 있는 도구를 만든다. 우주를 구성하는 기본 입자 중 하나인 중성미자(neutrino)는 손톱만 한 면적에 1초당 약 700억 개씩 우주에서 쏟아져 아무런 느낌도 없이 우리 몸을 통과한다. '슈퍼 가미오칸데'라는 거대한 수조는 이 중성미자를 검출해 우리에게 보여 준다. 거대 강입자 가속기(LHC)는 137억 년 전 우주가 탄생했을 때 나타났다 흩어진 원자를 구성하는 초미세 힉스 입자를 찾아냈다. 구글의 인공지능연구개발사업부 딥마인드가 개발한 알파폴드(AlphaFold)는 단백질의 아미노산 서열이 어떻게 접혀서 특정한 기능을 하는 3차원 구조를 이루는지 정확히 예측해 제시한다. 아미노산은 나노미터(nm) 단위의 물질이라 육안으로는 보이지 않는다. 이 때문에 생명과학자들에게 '단백질 접힘 문제(protein folding problem)'는 풀기 힘든 숙제였다. 인공지능 알파폴드가 이 문제를 풀 수 있는 눈이 되어 준 것이다. 이벤트 호라이즌 망원경(Event Horizon Telescope)은 전 세계 전파 망원경 네트워크로 블랙홀을 관측하는 프로젝트다. 이 프로젝트는 복잡하고 방대한 양의 데이터를 처리하고, 이해하기 어려운 현상을 시각화하는 인공지능에 덕분에 2019년 인류는 최초로 블랙홀의 이미지를 시각화하는 데 성공했다. 이렇게 발견된 사실을 인공지능이 데이터로 저장하고 시각화하고 음성화한다. 누구나 생생하게 그 자연의 사실을 느낄 수 있게 된다. 우리의 오감이 인간의 감각 너머까지 확대되는 것이다. 이렇게 된다면, 인간 너머 존재를 괄호 친 채 진행된 철학적 논의는 공허해진다.

인간의 지각 능력으로 도달하기 불가능한 세계를 생생하고 다층적으로 보여 주는 인공지능이 있다. 이 인공지능은 플러그인(plugins)으로 사방으로 열린 채 인류의 눈과 귀가 되어 준다. 이를 통해 인류는 새로운 체험을 할 것이다. 또, 그로 인해 생길 변화는 단지 정보 환경의 혁명에 그치지 않고, 인간 중심적 관점을 벗어나는 데로

나아갈 것이다. 이렇게 인간 밖의 세계 자체에 한 걸음 더 다가선다면, 인간을 둘러싼 세계에 대한 인식뿐만 아니라 우리 자신에 대한 인식도 달라질 것이다. 자연과 인간 세계에 대한 가정이나 전망도 바뀌고, 사회적 합의와 정치적 합의도 달라질 것이다. 지구에서 인간의 위상, 인간과 다른 생명체의 관계, 인공지능 등 생명 아닌 존재와의 관계가 재설정될 것이다. 이때 철학은 변화에 맞는 세계관과 인간관, 규범과 가치관의 토대가 될 원리를 제시해야 한다.

새로운 불확실성

인공지능의 발전은 그동안 없던 새로운 불확실성을 야기한다. 인공지능이 등장하기 전에 인류는 누군가는 이해할 수 있는 지식을 종이책에 담았다. 그렇게 쌓인 지식을 학습해서 이해하는 사람의 수도 늘었다. 지식의 확장이 이해의 확장을 동반한 것이다. 엄청난 데이터를 가진 인공지능은 지식을 무한정 확장시킨다. 그러나 인간은 그 지식을 이용하면서도 이해를 못 하는 경우가 많다. 체스나 바둑 같은 게임 분야, 산업 설비나 공학 분야, 심지어 군사 작전 분야에서 인공지능이 제시한 해결책이 승리를 가져오지만, 그것을 사용하는 인간은 왜 인공지능이 그런 해결책을 제시하는지 이해하지 못하는 사례가 늘고 있다. 인공지능 시대에 지식은 혁명적으로 확장되었지만, 인간의 이해를 확장시키진 못한 탓이다. 인공지능은 인간지능보다 효과적인 해결책을 계속 제공하고, 인간은 그것을 이용할 뿐 그 과정이나 패턴을 완전히 이해하지 못하는 일이 반복된다. 이런 일이 많아지면, 지식의 주인이 인간에서 기계로 전환될지 모른다. 원인은 인공지능의 산출물과 작동 방식 때문이다.

2016년 이세돌을 꺾은 알파고, 테슬라의 자율 주행 프로그램인 오토파일럿, 최근의 생성형 인공지능인 챗지피티나 제미나이 등은 기계 학습으로 만들어진 인공지능이다. '기계 학습'은 인간이 규칙을 제공하지 않고 기계가 주어진 데이터 안에 존재하는 규칙성을 찾아내어 새로운 환경에 대처하게 만든다. 확정된 규칙 없이 주어진 데이터의 양과 내용에서 기계 스스로 규칙성을 찾아내고 새로운 상황에 대처하게 학습되어 있다. 이 과정에서 예상치 못한 새로운 기능을 보여 주기도 한다. 그러나 어떻게 그럴 수 있는지 인간은 그 과정을 알 수 없다. 엄청나게 많은 데이터를 처리하며 기계 스스로 새로운 상황에 대처하다 보니 복잡성이 커졌기 때문이다. 인공지능이 잘 작동하고, 우연히 새로운 기능을 갖게 되더라도 이런 이유로 그 과정의 불확실성이 발생한다.

불확실성은 데이터의 존재 여부, 데이터의 규칙 존재 여부, 그리고 도출된 결과물에도 존재한다. 앞에서 살펴보았듯 기계 학습 인공지능은 데이터에 담긴 규칙을 찾아내 학습한 후 주어진 상황이나 프롬프트에 반응한다. 그런데 이런 작업은 1) 데이터가 존재해야 하고, 2) 존재하는 데이터 자체에 규칙이 있어야 하며, 3) 이 규칙에 따라 상황이나 프롬프트에 반응하고, 그렇게 도출된 결과물은 적절해야 한다. 문제는 이 세 단계 모두에 불확실성이 존재한다는 점이다. 첫 단계의 불확실성은 세상에 존재하는 모든 것이 인공지능이 사용할 수 있는 데이터가 아닐 수 있다는 데서 발생한다. 인공지능이 사용할 수 있는 데이터가 되려면 여러 가지 전제 조건이 충족되어야 한다. 그렇지만 인공지능은 데이터가 존재한다고 가정하고 작업을 한다. 둘째 단계에서 불확실성은 모든 데이터가 항상 규칙을 담고 있다고 확신할 수 없다는 점이다. 그런데도 인공지능은 데이터에서 규칙을 발견해 낸다. 그중 억지로 생성된 규칙도 있다. 18세기 영국 철학자 데이비드 흄(David Hume)은 과거의 데이터로부터 규칙을 도출할 수 있다는 생각 자체에 근거가 없다고 주장한다. 이미 주어진 자료와 나중에 도출된 규칙 사이에는 필연적 인과관계가 성립될 수 없다는 것이다. 모든 규칙을 부정하기는 힘들지만, 흄의 이 주장은 데이터와 그 규칙의 관계를 엄밀히 검토할 때 여전히 유효하다. 셋째 불확실성은 앞의 둘째 불확실성에도 불구하고 생성형 인공지능이 어떻게든 요청된 결과물을 내놓는 데서 생긴다. 그 결과물 중에는 부적절한 것도 있다. 그것이 할루시네이션(hallucination)이라는 오류다. 과거의 데이터를 기반으로 추론된 미래의 데이터가 사실이 아니라 환각인 것이다. 그것이 오류라는 사실을 인식하면 그나마 다행이다. 인공지능이라는 사심 없고 정확해 보이는 시스템이 내놓은 답이라는 이유만으로 그냥 믿는 이들이 많다.

참고문헌

강국진(2023). 『인공지능이 할 수 있는 것, 할 수 없는 것』. 필로소픽.

篠原雅武(2020). 『「人間以後」の哲学: 人新世を生きる』. 최승현 옮김(2023). 『인간 이후의 철학』. 이비.

Kissinger, H., et al.(2021). *Age of AI: And our human future.* 김고명 옮김(2023). 『AI 이후의 세계: 챗GPT는 시작일 뿐이다, 세계질서 대전환에 대비하라』. 윌북.

Arendt, H.(1988). *The human condition*(2nd ed). University of Chicago Press.

Kant, I.(1990). *Kritik der reinen vernunft.* Felix Meiner,

07
철학

철학은 인간과 세상에 대한 근본적인 질문을 제기하는 학문이다. 철학은 세계관과 가치관을 형성하는 바탕이 된다. 철학의 비판적 사고 능력은 현실을 파악하고 대응할 수 있게 해 준다. 철학은 또 다양한 관점을 존중하고, 자기 성찰을 통해 끊임없이 성장하게 돕는다. 철학은 모든 학문의 기초를 제공하고, 새로운 방향으로 나갈 수 있게 해 준다. 비전공자도 철학 고전을 통해서 철학을 만나 사유의 깊이에 이를 수 있다. 철학 공부의 시작과 끝은 책 읽기다. 지금까지 철학적 질문은 인간만의 일이었다. 그러나 인공지능의 발전으로 철학의 주체와 대상도 변할 것이다.

AI와 윤동주?

철학이 하는 일

개별 과학들이 철학에서 갈라져 나가 제각각 발전했지만, 여전히 철학과 관련성 속에서 발전한다. 철학은 세계와 인간에 대해 근본적인 질문을 던지고, 답을 탐구하는 학문이다. 철학이 근본적으로 질문을 한다는 것은 어떠한 가정이나 전제 없이 질문한다는 의미다. 이런 질문으로 철학은 새로운 관점과 깊은 통찰을 제공한다. 근본적인 질문으로 철학은 지식의 원리와 원천을 제시한다. 개인 차원에서 철학은 새로운 세계관과 가치관을 형성할 수 있게 돕는다. 이상의 내용을 관련된 주요 개념에 따라서 다음과 같이 정리할 수 있다.

1) 철학은 세계와 인간에 대해 근본적인 질문을 한다. 철학에서 '세계'는 물리적 우주뿐만 아니라 모든 존재와 현상을 포함한다. 이러한 세계의 일부인 인간은 존재의 본질, 의미, 목적을 탐구하는 주체다. 철학이 '근본적인 질문'을 한다는 것은 사물이나 현상의 표면적 모습이 아니라 그 밑바탕에 있는 원리나 원천을 묻는다는 뜻이다. 예를 들어, "세계는 어떻게 존재하는가?", "인간의 본질은 무엇인가?", "무엇을 안다는 것은 어떤 의미인가?"와 같은 물음이 그것이다.

2) 철학은 가정이나 전제 없이 질문한다. 가정이나 전제 없이 질문한다는 것은 기존의 가치관, 사회적 규범, 신념 등을 배제하고 질문한다는 뜻이다. 이를 통해 우리는 기존의 틀에 얽매이지 않은 채 좀 더 자유롭고 창의적인 사유를 할 수 있다.

3) 철학은 새로운 관점과 깊은 통찰을 제시한다. 철학이 새로운 관점을 제시한다는 것은 기존에 당연시되었던 개념이나 믿음에 대해 도전하고, 이를 새로운 시각에서 재해석하거나 비판적으로 분석한다는 뜻이다. 예를 들어, 철학은 정의나 행복에 대한 전통적인 관점을 재검토하고 이를 현대적 상황에 맞게 재구성한다. 철학이 제시하는 깊은 통찰은 겉으로 드러나는 문제의 표면을 넘어서 문제의 본질을 파악할 안목을 뜻한다. 새로운 관점과 깊은 통찰로 전개된 철학적 사유는 단순한 지식 습득을 넘어서 사물과 현상을 근본적으로 이해해 새로운 의미나 진리를 발견하게 한다.

4) 철학은 지식의 원리와 원천을 제시하기도 한다. 여기서 '지식의 원리'는 우리가 어떻게 지식을 얻고, 그 지식이 어떤 기준에 의해 정당화되는지를 설명하는 규칙이나 법칙이다. '지식의 원천'은 경험(감각적 지각), 이성(논리적 추론), 직관, 계시 등 우리가 지식을 얻는 출처나

방법이다.

5) 철학은 개인의 세계관과 가치관 형성에 도움을 준다. 여기서 '가치관'이란 개인이 무엇을 중요하게 여기고, 어떻게 행동해야 하는지를 결정하는 기준이 되는 신념 체계다. '세계관'이란 세계와 그 안에서 살아가는 인간 존재에 대한 종합적 관점이다. 세계관은 세계, 인간, 가치, 사물, 이념에 관한 개념들로 구성된 체계라고 볼 수 있다. 세계관은 개인이 세상을 이해하고 해석하는 방식에 큰 영향을 미친다. 예를 들어, 유물론적 세계관을 가진 개인은 물질을 궁극적 실재로 간주하는 반면, 이상주의적 세계관은 정신이나 이념을 중심으로 세계를 이해한다.

위에서 정리한 내용 중에서도 확인할 수 있지만 철학은 학문 자체로서도 의미가 크다. 그것은 여타 학문에 대해서 갖는 철학의 특별한 위상 때문이다. 데카르트는 방법적 회의를 통해 모든 것을 의심하고, 그럼에도 불구하고 의심할 수 없는 유일한 진리인 "나는 생각한다, 고로 나는 존재한다(cogito, ergo sum)"라는 명제를 발견한다. 당시 학계에 만연했던 회의주의에 맞서 명확하고 확실한 지식으로 확정된 이 명제는 모든 지식과 학문의 기초가 된다. 이런 의미에서 데카르트는 이 명제를 발견해 낸 철학적 사유를 '제1철학(prima philosophia)'이라 칭한다. 칸트도 자신의 철학을 제1철학으로 전개했다. 칸트 전까지 사람들은 관찰 대상 자체의 성질을 알려고 했다. 그런데 칸트는 '그 대상이 대상으로서 우리에게 나타날 수 있는 조건'을 탐구한다. 칸트는 그것을 그 대상을 관찰하는 인간 이성 속에서 찾았다. 이렇게 찾아진 것이 감성의 형식인 시간과 공간, 지성의 순수 개념인 12범주다. 이것들은 보편타당성을 지닌 인식과 지식의 토대가 된다. 과학은 스스로 자신의 의미와 가치, 한계에 대해 대답할 수 없지만, 철학이 그에 대해 대답할 수 있다고 칼 야스퍼스(Karl T. Jaspers)는 주장한다.

다른 학문의 가능 조건과 한계를 탐구하는 일을 지금도 철학의 역할로 인정하는 이들은 드물다. 그러나 자연의 원리에 대한 근본적 탐구인 수학과 물리학을 끝까지 밀고 나가거나, 인간의 마음과 그 병에 대한 탐구인 정신병리학을 끝까지 밀고 가면, 그 탐구가 어느새 철학이 되곤 한다. 칼 포퍼(Karl Popper)나 토마스 쿤(Thomas S. Kuhn), 앨프리드 화이트헤드(Alfred N. Whitehead) 같은 수학자와 물리학자가 철학자가 되었다. 지그문트 프로이트(Siegmund Freud)와 칼 야스퍼스, 자크 라캉(Jacques

Lacan) 같은 정신병리학자가 철학자가 되었다. 출발한 학문의 명칭이야 어떻든 그 작업이 새로운 원리, 근거, 방법, 대상을 제시하면 철학적이라 볼 수 있기 때문이다.

지금까지는 인간만이 철학하는 동물이었다. 인류만이 철학적으로 사유할 수 있는 지능을 지녔기 때문이다. 하지만 자의식을 지닌 인공지능이 등장한다면, 철학의 주체와 대상도 변할 것이다. 자의식은 자신을 대상으로 해서 반성하는 능력이다. 자의식을 지닌 인공지능은 '나는 누구인가'라는 철학적 질문을 제기할 수 있다. 뒷장에서 살펴볼 '철학 에이전트'가 방대한 철학적 지식으로 자신의 존재에 대해 인간과 토론할 수 있다. 이는 주제의 확장일 뿐만 아니라 관점 전환의 계기가 될 것이다.

철학 공부의 시작과 끝

모든 인간이 철학적인 고민을 하지만 철학을 본격적으로 공부하는 경우는 드물다. 본격적인 철학 공부의 시작은 고전적인 책 읽기다. 스스로 학파를 창립한 대가가 아닌 한, 철학적 유산을 남긴 철학자의 철학을 공부해야 하고, 그 유산은 대개 텍스트의 형태로 남아 있기 때문이다. 그런데 철학의 고전을 읽는 일이 쉽지 않다. 외국어로 된 책도 많고, 그 서술 방식이 추상적이고 호흡이 매우 길기 때문이다. 그러다 보니, 철학에 관심 있는 이들은 좀 손쉬운 대체재를 찾는다. 한눈에 알아보게 정리한 피피티(PPT)나 유튜브(YouTube)를 보고 들을 때 수용자인 '나'는 가만있으면 된다. 힘이 거의 안 든다. 이런 자료들은 경쟁적으로 요점만 추려서 재밌게 정보를 전달하기 때문에 흡수도 잘된다. 마치 떠먹여 주는 죽 같다. 오랫동안 혼자 책과 씨름하던 이들에게는 보약이 되기도 한다. 그런데 이런 것들 대부분은 내가 힘써서 붙잡은 게 아니라 금방 휘발된다. 반면에 활자를 읽을 때는 우리 뇌와 정신이 능동적으로 일한다. 눈으로만 읽건 소리를 내서 읽건, 우리 머릿속에는 활자 하나하나를 낭송하는 또 다른 내가 있다. 이렇게 정신과 뇌가 능동적으로 움직이며 활자 속 정보를 곱씹는다. 가끔은 고통도 느끼며 내 것으로 만든다. 정신에 큰 운동이 되니, 나는 그만큼 성장할 수 있다.

유약하고 소신 없어 보이는 한 친구가 있었다. 대학 신입생이던 그 친구가 어느 날 학교 중앙도서관 지하 열람실 한쪽 구석 칸에 '세계사상전집' 30권을 쌓아 놓고 탐독했다. 30권 중 대부분은 동서양 고대부터 현대까지 철학 사상가의 저술이었다. 6개월쯤 지나 책을 다 읽은 그는 지상으로 올라왔다. 눈빛에 자신감과 여유가 가득

했다. 친구들도 예전처럼 그를 쉽게 대할 수 없었다. 고전의 어떤 점이 한 젊은이를 이렇게 바꿔 놓은 것일까? 철학 고전 속에는 인간과 사회의 본질을 꿰뚫어 보는 통찰이 담겨 있다. 실용적인 학문에서는 볼 수 없는 차원이 그 안에 펼쳐져 있다. 낯설고 어렵더라도 책과 씨름하며 거기 들어서는 순간 독자는 기존 자신만의 틀에서 벗어난다. 기존의 세계가 새로운 세계로 길이 난다. 남은 관건은 그 가치를 알아보고 효과적으로 자기 것으로 만드는 일이다.

그런데 같은 책이라도 처음부터 삐딱한 시선으로 읽으면 책 속 사유의 깊이에 도달하지 못한다. 그런 독서는 독서라기보다는 검열이다. 검열은 대상을 파괴할 뿐 제 것으로 만들 수 없다. 반면에 마음에 안 드는 구절이 있어도 저자를 일단 이해하려는 마음으로 경청하며 읽다 보면, 저자가 그다음 할 얘기까지 미리 떠올리며 사유의 흐름을 탄다. 이러면 직접 만난 적도 없는 독자와 저자가 시공을 초월해 함께 사유하는 셈이다. 오랜 시간과 공을 들여 저자가 어렵게 도달한 지평이 나와 연결되니, 시장에서 살 수 없는 자산이 는다. 이렇게 저자의 진의를 파악한 후에는 생산적 비판도 저절로 시작된다. 발전된 디지털 서비스를 이용해 고전에 쉽고 생생하게 접근하게 되더라도, 그렇게 확보된 텍스트를 독자 자신이 읽고 곱씹어야 자기 것이 된다. 이런 사실을 간과하면, 인공지능을 기반으로 철학 공부를 도와줄 '철학 에이전트'는 본격적인 철학 공부를 회피하고 겉돌게 하는 수단이 될 것이다.

참고문헌

강순전·이진오(2011). 『철학수업』. 학이시습.

Jaspers, K.(1973). *Philosophie.* 이진오·최양석 옮김(2017). 『철학 1: 철학적 세계정위』. 아카넷.

Hirschberger, J.(1954). *Geschichte der philosophie.* 강성위 옮김(2022). 『서양철학사(개정 4판)』상·하. 이문출판사.

08
철학 공부

고전 철학 텍스트는 오래된 언어와 독자적인 개념어 체계를 가진다. 이것이 초심자에게는 큰 장벽으로 작용한다. 같은 용어라도 철학자마다 다르게 해석하고 사용하는 경우가 많다. 이 때문에 용어의 의미를 정확하게 파악하는 일도 쉽지 않다. 다른 한편으로 철학은 정답이 불가능한 문제를 복잡하고 정교한 논증으로 탐구한다. 그래서 언어에 문제가 없는 이들도 철학을 공부하기가 녹록지 않다. 철학 에이전트의 텍스트 분석 기능은 복잡한 철학 문장을 쉽게 이해시키고, 다양한 철학 용어의 의미를 맥락에 맞게 해석해 줄 것이다.

AI와 한의학?

언어의 장벽

철학 공부를 하겠다고 결단한 독자가 가장 먼저 만나는 장벽은 언어다. 글을 읽고, 그 글이 가리키는 사상에 도달해야 하는데, 글자가 장벽이 되는 것이다. 초심자에게는 외국어로 된 서적만 벽이 아니다. 모국어로 된 철학 서적도 소위 고전에 속하는 것들은 그 책 나름의 개념어를 공부하고, 복잡하거나 낯선 논변을 끈기 있게 따라가야 이해할 수 있다. 외국어 서적은 언어뿐 아니라 그 언어가 발생하고 통용되는 역사와 문화적 맥락도 낯설어 제대로 이해하며 깊이 파고들기 어렵다. 한국 철학이나 동양 철학도 고전들은 한문으로 돼 있다. 한글세대에겐 유럽어보다 낯선 사실상 외국 서적이다. 그런데 이런 언어의 장벽은 번역과 텍스트 분석 기능을 갖춘 인공지능 철학 에이전트가 많은 부분 해결할 수 있을 것이다. 이게 실현된다면, 인류 역사상 최초로 대중이 철학 공부를 원전으로 시작할 수 있는 시대가 열린다. 깊이 있는 철학적 지식과 사유를 갖춘 생명 공학자, 컴퓨터 기술자, 사업가, 의사, 변호사, CEO, 정치인, 예술가, 작가가 즐비한 세상을 상상해 보라. 세상이 꼭 더 좋아진다는 보장은 없지만, 전보다는 자유롭고 의미 깊은 변화가 기대되지 않는가?

철학 공부를 시작하는 이들이 공부에 필요한 언어를 어느 정도 습득했더라도 두 번째로 부딪히는 장벽은 전문 용어(terminology)다. 아마도 철학이야말로 가장 전문 용어가 많은 학문일 것이다. 두꺼운 철학사 책에 이름을 올린 철학자는 다른 철학자와 구별되는 존재나 진리, 윤리 등에 대한 그 나름의 관점과 논변이 있다. 이것은 개념어인 전문 용어에 집약된다. 심지어 단어가 같아도 의미가 다른 경우가 많다. 그래서 철학을 공부하려는 이는 개념어의 의미를 철학자마다 따로 공부해야 한다. 가령 독일어 'Dasein'은 칸트에게는 어떤 대상이 관념 속에만 있는 게 아니라 특정한 시공간에 실재한다는 뜻이다. 하이데거에게 이 단어는 세계와 자기 자신이 드러나는 터로 존재하는 각각의 사람을 뜻하고, 야스퍼스에게는 생존 투쟁에 몰두하는 개인을 뜻한다. 'Dasein'의 의미가 이렇게 철학자마다 다르다. 심지어 같은 철학자를 연구하는 학자들도 하나의 개념에 대해 강조점이 다르다. 이런 차이와 그 근거를 알아야 철학 공부가 시작된다. 그런데 이를 위해서는 많은 학습 시간이 필요하다. 트랜스포머 모델로 '철학 에이전트'가 그 시간을 절감해 줄 것이다. '언어 변형 로봇' 같은 트랜스포머는 개별 단어의 고정된 값(뜻)을 넘어 맥락에서 해당 단어가 갖는 의미를 찾아 주기 때문이다. 단어가 사용될 때 발생하는 의미의 탄력성을 포괄하는 게 쉽지는 않다. 하지만 트랜스포머가 맥락적 해석을 위한 매개 변수를 계속 늘려 간다면, 전공에 매몰되기 쉬운 철학 전공자보다 탄력적으로 개념을 해석할 수도 있다.

사유의 장벽

언어 말고도 철학 공부를 막는 건 철학적 논증 자체의 특징이다. 이 특징을 파악해서 대처할 수 있어야 좀 더 많은 사람이 본격적으로 철학 공부를 할 수 있다. 철학은 심오하면서도 명확한 답이 없는 문제를 다루는 경우가 많다. "정의란 무엇인가?" "인간은 자유 의지를 가지고 있나?" 이와 같은 질문에는 누구나 받아들일 수 있는 객관적인 답이 불가능하다. 학습자는 이로 인한 모호성을 견디면서 탐구해야 한다. 또, 철학은 모호한 주제를 추상적 개념을 사용해 복잡하고 정교한 논증으로 탐구한다. 이를 따라가는 일 자체가 어렵다.

구체적으로 철학적 논증은 존재론, 형이상학, 윤리학, 미학, 논리학, 사회 · 정치 철학 등 세부 영역에서 전개된다. 학습자들은 각 영역 나름의 주제와 관점에서 전개된 주요 명제와 논변을 읽고 해석하고 비판해야 한다. 그런

다음 좀 더 타당한 대안을 궁리해 내서 명료하게 쓰고 발표하고 토론해야 한다. 이때 지적된 내용을 참조해 보완한 후 다시 논리정연하게 정리해야 일련의 철학적 작업이 마무리된다. 철학을 전공하지 않는 한, 다른 분야에서 일하는 개인이 이런 작업을 해내는 것은 매우 어렵다. 철학 공부는 어느 분야, 누구에게나 도움이 되고 의미가 있긴 하지만, 제대로 공부하기는 쉽지 않다. 철학 공부에 진심인 사람일지라도 철학적 작업의 주변부만 맴돌다 끝날 것이다.

키르케고르, 야스퍼스, 하이데거, 사르트르, 베르그송, 아렌트 등 유럽 대륙의 철학자들은 '철학'과 '과학'을 구분한다. 과학은 객관적으로 검증이 가능한 것을 다루는 학문이다. 그런데 이들은 그런 학문의 근저와 삶에는 객관적으로 확인할 수 없는 내용이 있다고 본다. 철학적 사유는 이 학문과 현실의 뿌리까지 살펴보는 작업이다. 비전공자들이 철학에 접근하기 힘든 이유가 여기에도 있다. '철학적 사유'가 특별한 의미를 지닌다는 점을 현대 영미 철학자들은 인정하지 않는 경향이 강하다. 아마도 이 분야 연구자들이 기본적으로 논리 실증주의와 언어 분석 철학을 기본 틀로 철학적 주제들을 다루기 때문일 것이다. 논리 실증주의는 과학적인 방법으로 철학 문제를 해결하려 한다. 과학적으로 검증할 수 없는 형이상학적인 주장들은 여기서 배제된다. 과학적인 방법의 객관성을 표준으로 하지만, 철학적인 명제의 타당성을 과학에서처럼 실험과 관찰을 통해 검증할 수는 없다. 논리실증주의는 경험주의적 태도로 텍스트의 논리성과 언어의 의미를 분석한다. 이런 논리 실증주의를 토대로 발전한 언어 분석 철학은 철학적인 질문에 대한 답을 찾기 위해 개념, 명제, 논리 등 언어의 구조와 의미를 연구한다. 그런데 언어와 논리만으로는 확인되지 않는 사유의 뿌리를 중요시하는 독일과 프랑스의 전통에서 이런 철학적 작업은 한계가 많아 보일 것이다. 그러나 생성형 인공지능에게는 영미 철학의 접근법이 더 설득력이 있을 것이다. 왜냐하면 '사유의 깊이'에는 이르지 못할지라도 텍스트를 구성하는 언어와 그 의미, 논리성을 다루는 데 뛰어나기 때문이다. 영미 철학에서도 형이상학과 존재론, 윤리학과 미학 등 사유의 깊이에 의해 추동된 텍스트도 '메타 분석'으로 다룬다. 철학 자체를 그 기초가 되는 가정, 개념, 방법론을 비판적으로 검토하는 메타 분석 방법을 참조할 경우 생성형 인공지능을 기반으로 한 철학 에이전트도 '철학적 사유'의 뿌리까지 다룰 수 있을 것이다.

참고문헌

강순전·이진오(2011). 『철학수업』. 학이시습.

Arendt, H.(2018). *Thinking without a banister: Essays in understanding, 1953-1975.* 신충식 옮김(2023). 『난간 없이 사유하기: 한나 아렌트의 정치 에세이』. 문예출판사.

Jaspers, K.(1973). *Philosophie.* 이진오·최양석 옮김(2017). 『철학 1: 철학적 세계정위』. 아카넷.

09

철학 에이전트

인공지능에서 '에이전트'는 주변 환경을 인지하고, 스스로 행동하며, 목표를 달성하기 위해 주도적으로 작용하는 시스템이다. 인공지능 기술을 토대로 철학 학습을 돕는 시스템을 '철학 에이전트'라 부르자. 텍스트 처리 기능을 핵심으로 한 철학 에이전트는 언어장벽으로 인한 원전 읽기 문제를 해결할 것이다. 또 학습자에게 맞춤형 학습 경험을 제공할 것이다. 철학 에이전트는 언어 문자학습 알고리즘, 텍스트 마이닝, 지식 그래프 구축, 인공지능 튜터 등으로 고전 철학 서적 읽기의 어려움을 극복하는 데 도움을 줄 것이다.

AI와 화장품?

벽과 사다리

철학에 관심이 있는 사람이 많지만, 철학을 본격적으로 공부하는 경우는 드물다. 본격적인 철학 공부의 시작은 누가 뭐래도 원전 읽기라 그렇다. 동양 철학 원전이나 고대 그리스 철학 원전, 라틴어로 쓰인 서양 중세 철학과 근대 철학은 언어의 장벽이 높다. 철학 전공자라도 이 분야들을 세부 전공으로 하지 않으면, 원전으로 내용을 살펴보는 일은 쉽지 않다. 비전공자들이 대중적 주제나 얕은 지식에 머무는 이유도 대개는 높은 언어 장벽 때문이다. 언어 기능이 강한 생성형 인공지능의 등장으로 원전을 직접 보면서 철학적 사유에 깊게 파고들 길이 열렸다. 초심자들은 대개 철학 공부를 철학사부터 시작한다. 그러다 동서양 고전을 직접 읽고 싶은 욕심이 생긴다. 그러나 언어의 장벽에 막혀 이내 포기하고 만다. 인공지능의 번역과 텍스트 분석 기능을 활용해 철학 에이전트 서비스를 제공한다면, 철학 에이전트는 때론 비서처럼 또 때론 동학이나 선배처럼 학습자를 도울 것이다. 구체적으로 다음과 같은 인공지능의 기능이 철학 에이전트 서비스를 구성할 수 있다.

1) 학습 알고리즘(learning algorithm)은 인공지능이 데이터로부터 학습하고 지식을 얻는 데 사용된다. 인공

지능의 핵심 기술인 이 방법으로 컴퓨터는 경험을 통해 스스로 성능을 향상시키고 새로운 작업을 수행한다. 학습자는 이 알고리즘으로 텍스트의 패턴을 인식하고 주장이나 논쟁의 흐름을 추적할 수 있다. 결과물은 이미 전문가들이 정리한 것에서 벗어나지 않은 것도 있겠다. 그 중에는 미처 작업하지 못한 것도 있을 것이다. 철학 연구자들은 학파에 따라 특정한 관점이 전승되는 경우가 많다. 이 때문에 텍스트에서 중요시되는 내용과 배제된 부분이 있기 마련이다. 텍스트를 객관적이고 전체적으로 볼 때 발견되는 내용이 간과될 수 있다. 학습 알고리즘은 그런 편향성 없이 텍스트를 처리한다. 이 점에서 학습 알고리즘은 새로운 연구도 촉진할 수 있다.

2) 텍스트 마이닝(text mining)은 대량의 텍스트 데이터를 분석하고 유용한 정보를 추출하는 과정이다. 텍스트 마이닝은 구조화되지 않은 정보도 구조화된 형식으로 변환한다. 또한, 텍스트 데이터에서 패턴, 트렌드, 의미를 파악하고, 새로운 지식을 도출한다. 이를 활용해 학습자는 동양 철학 원전의 주요 주제와 논쟁, 입장, 사유 과정과 그 한계 등을 파악할 수 있다. 학습 알고리즘은 예측이나 분류를 목표로 한다. 이와 달리 텍스트 마이닝은 텍스트 데이터에서 의미를 추출하고 이해하는 것

을 목표로 한다.

3) 토픽 모델링(topic modeling)은 텍스트 마이닝의 기법들 중 하나다. 이 기법은 다량의 텍스트 데이터에서 잠재적인 주제들을 식별하고, 각 문서가 어떤 주제들로 구성되어 있는지 파악해 준다. 그 결과를 시각화해 보여 주기도 한다. 이 기능을 통해 학습자는 자신이 독해할 수 없는 고전 텍스트도 주제별로 구분하고 시각화해 살펴볼 수 있다.

4) 지식 그래프 구축(knowledge graph construction)은 사람이 기억하고 활용하는 지식 정보를 컴퓨터가 이해하고 처리할 수 있는 형태로 표현하는 과정이다. 이 과정을 통해 개념과 개념 사이의 관계가 명확히 정의되고 연결되어 방대한 지식 베이스가 만들어진다. 엔터티(entity), 관계, 속성이 그 주요 구성 요소다. 여기서 엔터티는 사람, 장소, 사물, 사건 등 현실 세계의 객체나 개념을 나타낸다. 예를 들어, '알베르트 아인슈타인', '이탈리아', '구글' 등이 엔터티다. 관계(relationship)는 엔터티들 사이의 관계를 나타낸다. 예를 들어, '알베르트 아인슈타인'과 '상대성 이론' 사이에 성립되는 '제작자' 관계가 그것이다. 속성(attribute)은 엔터티의 특징이나 정보를 나타낸다. 예를 들어, '알베르트 아인슈타인' 엔터티의 생년

월일이나 국적 등이 속성이다. 학습자는 예를 들어 동양 철학의 중요한 개념, 성향, 특징, 그 철학자 개인과 저술 등을 연결하는 지식 그래프를 구축할 수 있다.

5) 인터랙티브 학습 환경(interactive learning environment)은 학습자가 단순히 정보를 수동적으로 받아들이는 것이 아니라, 직접 참여하고 상호 작용하며 학습하는 환경을 뜻한다. '쌍방향 소통', '맞춤형 학습', '활동 중심 학습', '즉각적인 피드백', '몰입감 높은 학습'이 강조된다. 이 교수법들은 '온라인 학습 플랫폼', '가상 현실(VR)', '증강 현실(AR)', '게임 기능을 갖춘 인공지능 튜터(AI tutor)'로 구현될 수 있다.

6) 인공지능 튜터는 학습자의 수준과 학습 스타일을 분석해 맞춤형 학습을 제공한다. 인공지능 튜터는 인터랙티브 학습 환경에서 개인 교사 역할을 할 수 있다. 온라인의 특징을 활용해 전 세계 문헌과 연구자들 간 프러그인이 가능할 경우 인공지능 튜터는 학습 플랫폼을 넓혀 활동할 수 있다.

원전 속으로

이상에서 살펴본 것처럼 언어 장벽으로 인해 동양 철학 원전을 접하기 어려웠던 문제를 인공지능이 해결해 줄 수 있다. '철학 에이전트'의 번역, 텍스트 분석 기능으로 철학 원전을 전공자가 아니더라도 이해할 수 있기 때문이다. 철학 에이전트는 동양 철학뿐만 아니라 고대 그리스 철학, 중세 철학과 근대 철학 등 언어적 장벽이 높은 학습에 효과적이다. 다른 어느 학문보다 철학 공부는 텍스트 이해가 어렵다. 학습자가 잘 아는 언어로 쓰여 있더라도 철학 텍스트는 논리적이고 추상적인 사유의 흐름을 담은 경우가 많기 때문이다. 철학 에이전트 기능은 언어의 장벽과 무관하게 내용 자체가 어려운 텍스트를 읽을 때도 도움이 된다.

고도화된 시장 경제는 거의 모든 것을 상품으로 만든다. 상품 가치가 없는 것은 먼저 시장에서 사라지고, 결국은 자신들의 자리에서도 사라진다. 스마트폰의 등장으로 사람들은 깊이 생각하기보다는 매 순간 즐겁게 한눈을 파는 데 익숙해졌다. 스마트폰에 대적할 만한 재미를 주지 않는 한, 아무리 귀중한 내용을 담은 책이라도 독자를 만나기 쉽지 않다. 이런 디지털 환경을 부정하지 말고 철학 에이전트를 활용해 독자를 책과 연결시켜 줄 필요가 있다. 미국에서 활동하는 란 라하브(Ran Lahav)는 원격으로 깊이 있게 책 읽고 대화하는 모임을 지도한다. 관심이 있는 사람이면 누구든 학력과 국적을 불문하고 참여할 수 있다. 이와 유사하게 전 세계 철학자들이 철학 고전 읽기를 지도할 수 있는 네트워크를 만들면 어떨까? 이때 철학 에이전트가 플랫폼 역할을 할 수 있을 것이다.

코로나 19 팬데믹을 계기로 소위 'AI · 에듀테크'가 쏟아져 나왔다. 디지털 기기를 사용한 교육 기술인 이것이 교육 현장에서 실제로 얼마나 도움이 되었는지는 의문이다. 상업적으로 개발된 AI · 에듀테크를 수업 현장에 억지로 끼워 넣었다는 비판도 많다. 전염병을 피해 2년 넘게 온라인에서 비대면 수업을 받은 학생들의 읽고, 쓰고, 말하는 능력이 전 세계적으로 현저히 떨어졌다. 기존의 AI · 에듀테크가 대면 수업 빈자리를 충분히 메꾸지 못한 것이다. 향상된 성능의 인공지능 기술이 등장하기 전이라, 기술적 제약도 많았을 것이다. 생성형 인공지능이 나온 지금 단계에서도 컴퓨터 모니터 앞에서 진행되는 교육은 사람과 사람 사이 대면 교육의 대체물이 아니라 보완제 역할이 적절해 보인다.

도구가 아무리 좋아도 그것을 제대로 사용할 수 있어야 하고, 사용을 통해 효력이 입증되어야 한다. 철학 에이전트를 실현할 수 있는 기술적인 기반은 갖추어져 있다. 하지만 그것이 실제로 철학 공부에 도움이 되려면,

앞으로도 많은 준비가 필요하다. 무엇보다도 인공지능 시대에 왜 철학이 필요한지에 대한 사회적 인식이 선행되어야 한다. 철학을 전공하는 사람들뿐 아니라 인공지능 기술 개발자나 사업가도 인공지능과 관련된 철학적인 문제와 가능성을 알아야 한다. 한 분야의 전문가 되는 데도 많은 시간과 노력이 필요하다. 사정이 이렇다 보니 철학을 전공하지 않은 사람들이 깊이 있게 철학을 공부하기는 정말 힘들다. 그렇다고 철학을 흥미 위주로 요약해 보여 주는 인터넷 콘텐츠나 대중적인 주제를 다룬 서적만 읽으면 어떻게 될까? 마치 산 입구에 세워진 안내판만 보고 그 산을 평가하는 것과 같은 우를 범하기 쉽다. 철학 에이전트는 중요한 원전에 직접 접근해 철학을 깊이 있게 공부하려는 이들에게 길이 될 것이다.

참고문헌

이동국 외(2023). 『인공지능 활용 교육』. 테크빌교육.

De Witt, K., et al.(2023). *Künstliche intelligenz in der bildung.* Springer.

10
디지털 철학 상담

철학 상담은 세계와 인간에 대한 철학자들 특유의 사유 방식과 개념, 통찰을 길잡이로 당면 문제와 그 심층 배경을 조명한다. 이를 통해 철학 상담은 내담자의 치유와 성장을 돕는다. 이때 소크라테스식 대화법, 철학 친교, 철학적 자서전 쓰기, 실존 현상학적 현존재 분석, 실존적 소통법 등 다양한 방법이 사용된다. 모든 방법과 도구는 철학적 텍스트를 근간으로 한다. 디지털 철학 상담은 철학적 텍스트 이해에 도움을 주는 철학 에이전트를 중심으로 전개될 수 있다. 디지털 철학 상담의 성과는 비대면으로 사유의 심연에 도달할 수 있느냐에 달려 있다.

종교와 AI?

심층 배경

철학 상담(philosophical counseling)의 역사는 철학의 역사만큼 오래되었다. 소크라테스는 아테네 광장에서 참과 거짓, 정의와 도덕, 용기와 행복에 대해 청년들과 치열하게 토론했다. 청년들은 그들이 모르고 있었다는 사실을 깨달으며 성장했다. 에피쿠로스는 육체적 고통에서 벗어나 정신적으로 안정된 상태를 유지할 수 있게 하는 철학적 태도를 제시했다. 세네카나 에픽테투스 등 스토아 철학자들은 자연에 순응하고 이성적으로 살아가는 삶을 행복에 이르는 길로 제시했다. 이는 고통스러운 상황에 있던 당시 사람들이 스스로 삶을 버텨 낼 힘이 되었다. 중국의 춘추시대에는 잦은 전쟁으로 사회 질서는 무너지고, 약육강식의 논리가 만연했다. 이때 공자는 '인간이 짐승의 차원으로 떨어지는 것이 두렵다'고 한탄했다. 하지만 그는 그대로 주저앉지 않고 인간다움과 존엄성을 유지할 덕목을 탐구했다. 각국의 제왕들을 만나 탐구된 내용을 토론하며 천하에 이를 알렸다. 이후 사마천은 공자가 내세운 인의예지라는 인간의 길이 세상에서 실현될 길을 열었다. 역사서 『사기』가 그것이다. 관중과 포숙아, 도척, 백이와 숙제 등의 예화에 실린 인의예지의 덕목은 민가에까지 퍼졌다. 글을 모르는 이들까지도 자신의 삶을 성찰하며 성장할 수 있는 철학적 인프라가 구축된 것이다.

이렇게 성찰과 성장을 돕던 철학이 전문적 상담이 된 것은 비교적 최근 일이다. 전문 분야로서의 철학 상담은 게르트 아헨바흐(Gerd. B. Achenbach)가 1981년 독일 쾰른(Köln) 근교에 철학실천센터를 열면서 시작된다. 그는 자신의 활동을 '철학 상담(Philsophische Beratung)'이라 칭하지 않고 '철학 실천(Philosophische Praxis)'이라 칭한다. 철학 상담사가 하는 활동에 상담뿐만 아니라 철학 교육이나 저술, 집단 인솔 등도 포함하고 있기 때문이다.

철학 상담이든 심리 상담이든 그 상담이 성공하려면 무엇보다도 먼저 당면 문제가 파악되어야 한다. 사람들이 상담소를 찾는 것은 주로 눈앞에 닥친 당면 문제이기 때문이다. 그런데 불안이나 불화, 갈등과 무기력, 혼란과 우울감 등 부정적인 감정과 함께 드러나는 당면 문제는 그 배경을 지닌다. 가족 관계나 인간관계, 사회적 환경, 건강 상태 등이 당면 문제의 배경인 경우가 많다. 일반적으로 철학 상담에서는 이런 배경을 직접 다루지는 않는다. 이 배경을 우리는 '표면적 배경'이라 칭할 수 있다. 세계관, 가치관, 인간관, 개념에 대한 오해, 사고방식, 신념 체계, 직업관, 생사관 등이 내담자가 겪는 당면 문제 뒤에 있는 배경인 경우가 많다. 이것을 우리는 '심층적 배경'이라 칭할 수 있다. '심층적 배경'은 철학 상담이 직접 다루지 않는 '표면적 배경'의 배경이다.

철학 상담은 심층적 배경을 다룸으로써 표면적 배경의 문제점을 해결하는 방식을 취한다. 가치관, 세계관, 인간관, 신념 체계, 사고방식 등 심층적 배경을 이해하기 위해서는 이 배경들에 대한 철학적 이해가 필수적이다. 그런데 이 철학적 이해는 짧은 시간에 습득되지 않는다. 철학 공부 자체가 만만치 않고, 어려운 텍스트를 삶의 문제와 관련해 해석하는 훈련이 필요하기 때문이다. 이런 과정을 통과한 철학 상담사는 내담자와 대화하며 그의 세계관이나 가치관 등에 대한 윤곽을 그릴 수 있다. 이때 사용될 수 있는 것이 '세계관 검사'나 '가치관 검사'다. 심리 상담이나 심리 치료에서 사용되는 검사를 대신할 수 있게 필자가 동료들과 개발한 것이다. 철학 상담 회기 시작 전 준비 과정으로 진행할 수 있는 이 검사는 비대면 디지털 철학 상담에서 사용될 수 있다. 관심은 있지만 막연하게 생각하는 이들이 철학 상담에 접근할 수 있는 효과적 도구가 될 것이다.

사유의 심연

인공지능 상담은 전문 상담사의 도움 없이도 스스로 상담을 진행할 수 있도록 설계된 상담 서비스다. 인공지능 상담에는 크게 두 가지 유형이 있다. 그중 '챗봇 기반 상담'은 텍스트 기반 챗봇이나 음성 기반 챗봇을 통해 진행된다. 인공지능 상담의 또 다른 유형인 '가상 상담사 기반 상담'은 가상 현실이나 증강 현실 기술을 활용해 진행된다. 상담사와 내담자는 직접 대면하지 않더라도 상호작용하는 것처럼 느낄 수 있다. 이상과 기존 인공지능 상담 유형을 철학 상담에 맞게 적용할 수 있다. 어떤 방법을 적용하든 철학 상담에서는 철학적 사유가 담긴 텍스트가 기본이다. 따라서 언어 처리 중심인 기존의 챗봇 기반 상담 서비스가 '철학 에이전트'의 형태로 재구성되어 디지털 철학 상담에 활용될 수 있다. 이때 중요한 것은 철학 상담의 특성을 보여 주는 방법론을 챗봇이 구현할 수 있게 설계하는 일이다.

아헨바흐가 전문 직업으로서 철학 상담을 시작한 후 철학 상담에서는 다양한 방법론이 개발되었다. '소크라테스식 대화법'은 고대 그리스 소크라테스의 대화법을 계승했다. 하지만 정해진 시간 내에 일정한 주제를 다룰 수 있게 만든 규칙에 따라 진행된다. 집단 철학 상담에 적용되는 '철학 친교(philosophical companionship)'는 철학적 저술을 낭송하고 관련 내용을 토론하며 내면의 소리를 들을 수 있도록 라하브가 개발한 방법이다. 말년에 사르트르는 프로이트의 '정신 분석'을 비판하며 '철학적 정신 분석'을 제안했다. 사르트르 전공자인 슐로밋 슈스터(Shlomit C. Schuster)가 '철학적 정신 분석'과 야스퍼스의 『철학적 자서전』 등을 참조해 발전시킨 것이 '철학적 자서전 쓰기'다. '실존 현상학적 현존재 분석'은 심리 치료나 심리 상담에 응용되던 하이데거의 '현존재 분석론'을 철학 상담 방법으로 재구성한 것이다. 아우슈비츠 수용소에서 살아남을 수 있었던 철학적 태도를 상기하며 빅터 프랭클(Viktor E. Frankl)이 개발한 것이 '로고테라피(logotherapie)'다. 의미(logo)의 진공 상태를 치유하는 심리 치료 방법인 '로고 테라피'는 야스퍼스의 '실존 조명(existenzerhellung)'에 착안한 것이다. 이 '실존 조명'을 철학 상담에서 적용한 것이 '실존 조명법'이다. 철학 상담사는 죽음, 투쟁, 고뇌, 사랑, 우연(부조리) 등 한계 상황 속에서 내담자가 실존적 삶을 실현하게 돕는다.

어떤 방법을 채택하든 철학 상담의 핵심 방법과 도구는 철학자들의 사상이 담긴 문헌과 그 내용에 대한 상담자와 내담자의 철학적 대화다. 원전 읽기의 어려움으로 접근이 쉽지 않은 것이 철학이다. 철학에 관심이 많은 이들도 이런 이유로 본격적인 철학 공부를 포기한다. 내담자 중에는 철학적 지식이 전혀 없는 경우도 있다. 이들에게 철학 텍스트를 길잡이로 대화하는 일은 쉬운 일이 아니다. 철학 상담을 시작했다가 중단하는 이유 중 하나다. 철학 에이전트는 이런 내담자가 상담과 관련된 철학적 텍스트를 이해하게 도울 것이다. 하지만 이렇게 철학 상담이 진행되더라도 내담자가 철학적 통찰에 이르지 못하면 상담은 실패로 끝난다. 철학적 통찰은 문제의 뿌리까지 캐 들어가는 철학적 사유에 의해 가능한 것이다. 디지털 상담은 이해와 흥미를 높이는 데 강점이 있다. 하지만 내담자와 상담자의 대화가 자칫 피상적인 차원에 머물기 쉽다. 상담 챗봇이 보조적인 역할을 하고, 주로 인간 상담자가 비대면으로 상담을 이끌더라도 사정은 비슷하다. 디지털 철학 상담의 성과는 피상적 차원을 넘어 사유의 심연에 도달하는 방법에 달렸다. 어렵지만 이런저런 사례를 참조하며 방법을 세워야 한다.

란 라하브는 미국에 거주하지만 온라인 모임을 통해 세계적으로 활동하는 철학 상담사다. 그는 철학적 텍스트 읽기 모임에 참여한 사람들이 사유의 심연에 도달할 수 있게 '철학 친교'를 개발했다. 철학 친교에서 참여자들은 철학적 텍스트를 내적 깊이(inner depth)로부터 성찰한다. 이를 위해 참여자들은 분석적이고 비판적인 태도로 쟁점을 다루지 않는다. 또한, 각자의 관념에 대해서(about) 사유하지 않고 참여자들 각자가 함께(with) 사유한다. 이는 쟁점을 대상화해 시시비비를 가리지는 않는 대신, 대화 상대의 태도와 심성에 공감하는 사유다. 이런 사유는 선대 철학자들의 사상을 접할 때 취해야 할 방식으로 하이데거가 제시한 '함께 사유하기(denken mit)'와 흡사하다. 철학 상담사는 참석자들이 텍스트를 활자로 읽는 데 그치지 않고, 그 텍스트가 뿌리내린 지점까지 볼 수 있게 돕는다. 물론 이렇게 한다고 해서 모두가 사유의 심연에 도달하는 것은 아니다. 중요한 것은 그 심연에 도달하려는 태도와 노력이다. 일상에서는 해 보지 못했을 일을 철학 상담에서 시도하면서 내담자는 철학적으로 세계와 자신을 이해하는 사유의 방향에 들어선다. 디지털 철학 상담 서비스도 챗봇 상담 서비스처럼 대화의 플랫폼 역할을 하는 것만으로도 내담자에게 위안이 될 것이다. 그러나 사유의 심연에 도달하는 데까지 이끌 수 있어야 철학 상담 특유의 도움을 준다. '철학 친교' 등 비대면에 적용할 수 있는 방법을 참조해 거기에 필요한 준비를 해야 한다.

참고문헌

이진오(2021). 『실존철학 상담 입문』. 한국학술정보.

정현태 외(2024). 『감성 인공지능: 인간 이해와 감성 증강』. 율곡출판사.

Lahav, R.(2018). *Philosophical contemplation*. Loyev Books. 편상범 옮김(2022). 『철학친교: 원리와 실천』. Loyev Books.

Raabe, P. B.(2001). *Philosophical counseling: Theory and practice*. 김수배 옮김(2010). 『철학 상담의 이론과 실제』. 시그마.

이진오

경희대학교 국제캠퍼스 후마니타스칼리지 교수다. 연세대학교 신학과와 서울대학교 대학원 서양철학과를 졸업했다. 2004년 독일 튀빙겐대학교에서 철학박사 학위를 받았다. 서울대학교, 명지대학교, 서울시립대학교 등에서 '논리학', '인식론', '과학과 종교', '철학교육론' 등을 가르쳤다. 서강대학교 철학연구소 상임연구원(2007~2009)과 경희대학교 철학과 연구박사(2009~2011)를 거쳐 경희대학교에서 교양 교육을 담당한다. 독일에 본부를 둔 국제철학실천가협회(IGPP) 정회원이며, 철학 상담 수련감독이다. 2017년 오픈형 온라인 학습 과정 k-mooc의 강좌 〈우리가 사는 세계〉 중 '과학 혁명'을 맡았고, 2023년 경희대학교 온라인 강좌 〈지구를 생각하는 AI〉 중 '인공지능과 윤리'를 맡았다. 한국연구재단 재원으로 "철학 상담 교과 과정 연구", "이상 정신 및 행동에 대한 현존재 분석론적 이해, I·II" 등의 논문을 발표했다. 주요 저서는 2인 공저 『철학 수업』(2011), 11인 공저 고등학생용 『철학』(2018) 등이 있다. 단독 저서 『실존철학상담 입문』(2021)을 한국연구재단의 재원으로 출간했다.